재연 스님의

반야심경
읽기

재연 스님의

반야심경 읽기

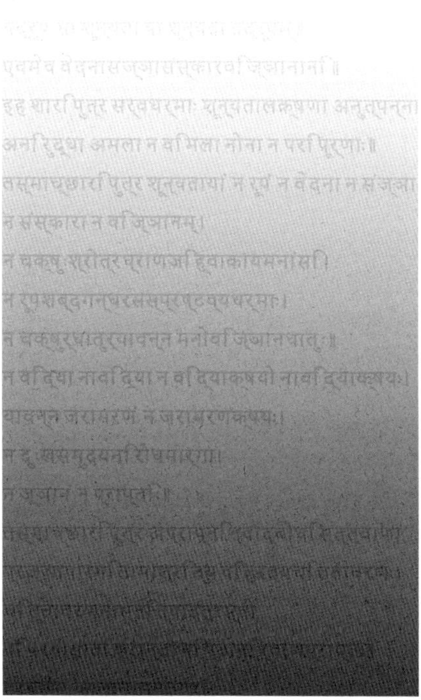

문학동네

【 목차 】

머리말 6

불교 용어 로마자 표기 12
산스크리트어 및 빨리어 자모음 로마자 표기 14
일러두기 15

제1부 부처님의 깨달음

보리수 아래서 18 | 정각자의 고독 22
범천의 권청 26 | 녹야원으로 31

제2부 부처님의 가르침

사성제 40 | 경전 읽기: 『초전법륜경』 41
오온 51 | 경전 읽기: 『보름날 밤 경』 60
삼법인 70 | 경전 읽기: 『무아상경』 91
중도 95 | 경전 읽기: 『가전연경』 101
무아와 윤회 103
연기 110
수행 123

제3부 불교 경전의 성립과 전승

제1차 결집 134 | 바나까 전통 139 | 표준말과 방언 143
산스크리트 경전의 출현 148 | 외도, 위경, 이단 156 | 보살 163

제4부 『반야심경』

『반야심경』에 대해 168 | 첫번째 마당 176 | 두번째 마당 188
세번째 마당 192 | 네번째 마당 213 | 다섯번째 마당 216

부록: 장본(長本) 『반야심경』 222

맺음말 228

【머리말】

내가 만난 불자들은 거의 모두『금강경』『유마경』『화엄경』에 대해 큰 관심을 보였습니다. 그래서 시험 삼아 팔정도 이야기를 슬쩍 내비치면 금세 정색을 하고 그 정도는 이미 다 통달해 마친 듯한 태도를 보이곤 했습니다. 그럴 때마다 당혹스러웠습니다. 온당한 이해가 아니라고 지적하기에도, 모른 척 함구하기에도 편치 않은 것은 매한가지였습니다. 대충 알고 있는 사람을 가르치기는 참 어렵습니다. 한 큰스님이 내게 그러셨지요. "자는 척하는 놈은 깨울 수가 없다!"고. 원고를 정리하는 내내 나는 오래전에 돌아가신 어머니를 생각했습니다. '이렇게 설명하면 그분이 이해하실까?' 그분은 평생을 절에 다니셨고, 신심이 장한 불자였습니다. 그러나 내가 뭔가 설명해드리면 "하이고, 우리 큰스님은 그렇게 안 허시든디, 스님은 어째 달리 말헌다요?"라고 대꾸하기 일쑤였습니다. 나는 그때마다 퉁명스럽게 쏘아붙였지요. "으이그, 호랭이 물어 갈, 큰스님은 무슨 큰스님! 그렇게, 땡초인 당신 아들은 즈그 어메 지옥 가라고 뻘소리를 허는 거요?" 내가 봐도 그저 그랬던 화상에게 붙인 '우리 큰스님'이라는 호칭에 심통이 나서 쏘아댄 말 화살이 생각날 때마다 여간 민망한 게 아닙니다. 다음 세상에 다시 기회가 오면 조금 시간이 걸리더라도 사성제, 팔정도, 연기, 무아를 차근차근 설명해드려야지 하고 여러 번 다짐했습니다. 빨리(Pāli)어를 전공하고 초기 경전을 끼고 살아온 사람으로야 당연할 수도 있지만, 나는 줄곧 제대로 된 불교 공부는 초기 경전 강독으로 시작해야 한다고 주장해왔습니다.

이번에 나는 『초전법륜경』을 시작으로 몇 편의 중요한 초기 경전을 먼저 읽고 붓다의 열반 이후 수 세기에 걸친 변화를 살펴본 다음 『반야심경』 풀이로 들어가는 방식을 택했습니다. 이에 더해 자주 쓰이게 될 용어들에 대한 어원과 용례 설명을 곁들였습니다. 이것은 아마 어쩔 수 없는 나의 이력, '어학을 전공한 훈장' 버릇일 수도 있고, 더 큰 이유로는 이해되지 않는 일에는 손발이 잘 움직이지 않고, 뒤척거리며 앞으로 나아가지 못하는 내 성벽 탓일 수도 있습니다. 여기저기 널려 있는 빨리어와 산스크리트(Sanskrit) 용어들이 눈에 거슬릴 수도 있겠다 생각합니다. 그러나 이런 설명을 통하여 그 말의 본래 쓰임새를 이해하고, 어렴

픗이나마 불교적 사유와 변화에 대한 감을 가질 수 있다고 기대합니다. 때로는 조금 돌아서 가는 길이 더 곧고 쉬운 길일 수도 있습니다.

경전의 구성이 제아무리 복잡하고 난삽해 보여도 실은 부처님의 세계관과 거기에 상응하는 실천론으로 이루어져 있습니다. 불교 경전은 석가족 출신의 성자 고따마 붓다(Gotama Buddha)가 꿰뚫어 본 인간의 실상과 그 안목에 걸맞은 삶과 공동체에 관한 주장을 집대성한 것입니다. 경전은 그래서 인간 세상에 관한 당신의 그런 안목을 실제로 현실 사회 속에 어떻게 실현하려 했는지를 보여준 기록입니다. 현재 유통되고 있는 불교 경전은 크게 두 부류가 있습니다. 먼저 창시자 고따마 붓다와 직계 제자들의 기억과 증언으로 구성된 초기 경전, 다음으로 붓다의 열반 이후 수 세기에 걸쳐 제기된 내, 외부의 비판과 반대 주장 및 도전에 대한 불교 공동체의 대응 과정, 그리고 재반박의 내용을 정리하여 담고 있는 대승 경전입니다.

고따마 붓다의 탄생과 불교의 생성에 대해서 상세하게 알지 못했던 것은 말할 것도 없거니와, 붓다의 열반 이후 천 년 동안 인도에서 벌어진 일을 제대로 알 수 없었던 중국인들에게 한꺼번에 뒤섞여 들어온 다량의 경전은 무척 혼란스러웠을 것입니다. 그래서 나온 것이 천태(天台 智者, 538~597)의 기발한 발상, 불경의 다섯 시기(五時) 구분입니다. 이것은 당시 유통되는 모든 경전을 고따마 붓다의 45년 설법 기간에 나누어 배분한 것입니다.

이 구분에 따르면 깨달음을 이룬 고따마 붓다께서 보리수 아래 선정(禪定)에 들었던 첫 이레 동안의 마음을 그대로 담은 것이 제1시기의 『화엄경』이며, 제2시기 경전은 바라나시의 녹야원에서 설한 『초전법륜경』을 시작으로 제자들의 이해력 정도에 따라 쉽게 설한 아함부(阿含部), 제3시기 경전은 『유마경』『능가경』 등으로 점차 수준을 높인 방등부(方等部), 제4시기에는 반야부(般若部) 경전을, 마지막 제5시기에는 『법화경』『열반경』을 설했다고 합니다. 이것은 천 년 인도 불교 역사를 고따마 붓다의 후반 생애 45년에 억지로 욱여넣은 셈입니다. 저 『화엄경』은 너무 어려워서 사람들이 이해할 수 없을 것으로 여겨 용궁(Nāga-loka)에 감추어두었는데(?), 훗날 용수(Nāgārjuna)가 용궁에서 가져왔다고도 합니다. 당송시대 중국인들이야 그렇다 해도 이 대명천지에 아직도 그런 주장에 고개를 끄덕이는 것은 실로 불가사의한 일입니다.

『반야심경』은 대승 경전 가운데 통찰지(prajñā)의 문제를 주로 다루는 반야부 경전 그룹에 속합니다. 『반야심경』의 산스크리트 제목은 *Prajñā-pāramitā-hṛdaya-sūtra*입니다. 각 단어의 뜻을 순서대로 나열하면 '통찰지-완성-심장-경'이지만, 여기 살을 조금 붙여 다시 새기면 '지혜의 완성을 위한 핵심 요점'이 됩니다. 여기서 '심(心)'은 몸에 대한 '마음'이라기보다는 '뛰는 가슴'

이거나 문제의 '핵심'을 가리키는 것으로 보입니다.

사실 『반야심경』은 매우 어려운 경전입니다. 그럼에도, 어린 시절에 이 경전을 읽고 큰 감명을 받았다거나, 이후 이 경전이 자기 삶의 지표가 되었다는 등의 이야기를 들으면 나는 마음속으로 '나는 왜 저렇게 빼어난 이해력과 감성을 타고나지 못했을까!' 싶어서 한편 부럽기도 하고, '저 사람을 계속 만나야 하나?' 하는 생각에 두려운 마음이 일었던 적도 있습니다. 그러다가 아주 늦게서야 초기 경전의 핵심인 무상(無常), 고(苦), 무아(無我), 연기설(緣起說)을 가장 충실하게 계승한 것이 대승 반야부 경전이며, 초기 경전에서 설명하는 혜해탈(慧解脫, paññā-vimutti)을 성취한 아라한의 깨달음을 그대로 수용한 것이 중국 선종의 골수라는 생각이 더욱 또렷해졌습니다. 어떤 사람은 비교적 빨리 이런 것을 알아채고, 나처럼 둔한 사람은 삶의 내리막길을 가면서 비로소 알게 되는가봅니다. 이 글을 쓴 것도 실은 더 많은 사람들이 이런 것들을 좀더 일찍, 쉽게 터득했으면 하는 바람에서입니다. 한참 세월이 흘러 '그때 그걸 알았더라면!' 하고 뒤돌아보는 일이 적었으면 좋겠습니다.

나는 스스로 나름 열려 있는 사람이라고 생각한 적도 있습니다. 그러나 어느 날 문득 사안을 보는 내 방식과 태도에 '아하, 그대 역시 별수없이 자구 해석에 연연하는 편협한 학인이구나!' 하는 생각이 든 이래 당분간 경전 번역이나 잡문 쓰는 일도 삼가고 조신하리라 다짐했습니다. 딴에는 자꾸만 가르치려 드는 덜 삭은 훈장 버릇과 얻어먹으면서도 뻔뻔한 거지 냄새, 몸에 밴 빼석한 풀기를 죄다 빼내야지 작정하고 애써왔는데, 본디 판이 크게 바뀌기는 어려운 일인가봅니다. 오랜 침묵 끝에 내놓은 글 속에 넓고 맑고 밝은 불교를 그려놓기는커녕 쪼잔한 소견만 드러낸 건 아닐까 싶어 다소 걱정이 됩니다.

이참에 지난 시절에 도반님들, 그리고 주변 분들께 알게 모르게 저지른 실언과 이런저런 일로 짜증내고 눈 흘긴 일에 참회하겠습니다.

부디, 이전에 제가 몸으로 입으로 그리고 마음속으로 저지른 허물들 용서해주십시오. 그리고 이번에 쓴 이 글 속에 있는 흠들을 지적해주십시오. 가능한 한 빨리 고치고, 다시는 같은 일, 비슷한 일로 그런 허물 되풀이하지 않겠습니다.

거룩한 스승, 온전한 깨달음을 이루신 석가모니 부처님께 귀의합니다!

2025년 8월

지리산 남쪽 끝자락 북천사에서

乃和 재연 합장

불교 용어 로마자 표기

불교 경전은 여러 가지 방언(Prakrit)으로 전해내려왔는데, 빨리(Pāli)어로 기록된 니까야(Nikāya)는 그중에 가장 잘 보존된 초기 경전 모음이다. 세월이 지나면서 인도의 대승 불교도들은 문학 매체로 산스크리트(Sanskrit)어를 채용하기도 했다.

이 책에서 대부분의 고유명사는 빨리어 형을 썼으며, 후대 대승 경전이나 주석서에 등장하는 용어를 제외하고 일반적인 교학 용어는 가능한 한 빨리어를 썼다. 이미 널리 쓰이고 있는 용어들, 아뜨만(ātman), 까르마(karma), 니르바나(nirvāṇa), 위즈냐나(vijñāṇa), 상스까라(saṃskāra) 등도 빨리어 형 아따(attā), 깜마(kamma), 닙바나(nibbāna), 윈냐냐(viññāṇa), 상카라(saṅkhāra) 등으로 썼는데, 경우에 따라 괄호 안에 함께 쓴 것도 있다.

현재 인도에서는 무려 20여 종의 공용어가 쓰이고 있으며, 글자 또한 각기 다르다. 인도 문자는 우리 한글처럼 자음과 모음의 합으로 단어와 문장을 표기하는 소리글자다. 아주 과학적이고 효율적인 문자임에도 식민지시대 이전부터 서구 사람들은 인도 전적을 로마(Roman)자로 옮겨 필사하거나 인쇄하곤 했다. 따라서, 자기들 말에 없는 자모음을 표기하기 위해 몇 가지 부호(diacritical mark)를 함께 써야 했다. 장모음을 구별하기 위해 글자 위에 줄을 긋거나, 반전음을 표시하기 위해 글자 아래 점을 찍는 등의 방법을 사용한 것이다.

본디 우리말에도 단어에 따라 모음의 장단이 구별되지만, 산스크리트어나 빨리어에서는 모음의 길고 짧음에 따라 전혀 다른 뜻의 단어가 되기 때문에 반드시 구분해야 했다. 또, 요즘 한글 표기에서 잘 쓰지 않는 경음(硬音, 된소리) '까(ka)' '짜(ca)' '따(ta)' '빠(pa)' 등이 인도어에서는 '카(kha)' '차(cha)' '타(tha)' '파(pha)'와 전혀 다른 자음으로 엄격히 구별되어야 하므로 주의해야 한다. 'kh' 'ch' 'th' 'ph'는 'k' 'c' 't' 'p'에 기식음(aspirate) 'h'를 더하여 '세게 밀어내는 소리', 격음(激音, 거센소리)이 된 것이다. 이따금 'kha'를 '끄하'로, 'cha'를 '쯔하'로, 'tha'를 '뜨하'로, 'pha'를 '쁘하'로 쓴 것을 보는데, 'kh' 'ch' 'th' 'ph'는 모두 하나의 자음(子音)이며, 이는 '카' '차' '타' '파'로 쓰는 것이 바르다. 'gh' 'jh' 'dh' 'bh'도 같은 경우인데, 우리말 표기에서 'g' 'j' 'd' 'b'와 달리 표기할 마땅한 방법이 없어 '가' '자' '다' '바'로 함께 쓰고 있다.

산스크리트어 및 빨리어 자모음 로마자 표기

<table>
<tr><th colspan="2">구분</th><th>로마자 표기(Roman)</th></tr>
<tr><td colspan="2">모음(vowel)</td><td>a ā i ī u ū
아 아- 이 이- 우 우-
e ai o au
에 아이 오 아오</td></tr>
<tr><td colspan="2">반모음(semivowel)</td><td>y r l v
야 라 라 와</td></tr>
<tr><td rowspan="7">자음
(consonant)</td><td>목구멍소리
(guttural)</td><td>k kh g gh ṅ
ㄲ ㅋ ㄱ ㄱ ㅇ</td></tr>
<tr><td>입천장소리
(palatal)</td><td>c ch j jh ñ
ㅉ ㅊ ㅈ ㅈ ㄴ</td></tr>
<tr><td>반전음
(cerebral)</td><td>ṭ ṭh ḍ ḍh ṇ
ㄸ ㅌ ㄷ ㄷ ㄴ</td></tr>
<tr><td>잇소리
(dental)</td><td>t th d dh n
ㄸ ㅌ ㄷ ㄷ ㄴ</td></tr>
<tr><td>입술소리
(labial)</td><td>p ph b bh m
ㅃ ㅍ ㅂ ㅂ ㅁ</td></tr>
<tr><td>마찰음
(sibilant)</td><td>ś ṣ s
샤 샤 사</td></tr>
<tr><td>기식음
(aspirate)</td><td>h
ㅎ</td></tr>
</table>

일러두기

본문 내용에 쓰인 '장부' '중부' '상응부' '증지부' 등의 용어는 한역 아함경이 아니라, 빨리어 Dīgha-nikāya, Majjhima-nikāya, Saṃyutta-nikāya, Aṅguttara-nikāya를 가리키는 것이다. 현재 우리나라에 이들 빨리어 경전들의 한글 번역이 다수 유통되고 있으나, 여기 이 책에 쓰인 내용은 전부 빨리어 경전 원문을 본 저자가 직접 번역한 것들이다. 본문 가운데 출처를 알릴 필요가 있을 때는 각각 아래와 같은 약호(略號)로 표시하였다.

DN	Dīgha-nikāya(장부長部)
MN	Majjhima-nikāya(중부中部)
SN	Saṃyutta-nikāya(상응부相應部)
AN	Aṅguttara-nikāya(증지부增支部)
Dhp	*Dhamma-pada*(『법구경法句經』)
MP	*Milindapañha*(『밀린다왕문경』)
Vin I.	Vinaya Mahāvagga(율장 대품)
Vin II.	Vinaya Cūḷavagga(율장 소품)
MK	*Mūlamadhyamaka-kārikā*(『중론』)

예를 들어, 〔SN. III. p. 66〕는 'Pali Text Society본 빨리어 경전, 상응부 니까야 제3권 66쪽'을 가리키는 것이다.

제1부

부처님의 깨달음

보리수 아래서

성성하고 명료한 선정 속에
세상이 실상을 드러낼 때
모든 의문은 녹아내렸다
만사 인연의 조화로 일어나는 것임을
꿰뚫어 알았다 또
보았노라 어떻게 스러지는지

모두 떨치고 일어나
우뚝 섰노라
마군을 물리친 승리자로
어둠을 내몰고
창공을 밝히는 태양처럼

〔Vin I. p. 2. Bodhi-kathā〕

긴 밤, 어둠은 사라졌다. 긴 세월 무겁고 두렵던 암흑을 찢고 마침내 완전한 깨달음을 성취하신 분, 붓다의 새 시대가 열리고 있었다. 고향 까삘라왓투를 떠난 지 6년, 서른다섯 살이 되던 해, 웨사카(vesākhā) 달 보름 새벽이었다.

그뒤, 이레 동안 선정 가운데 깨달음의 법열을 누렸다고 했다. 방대한 대승 경전 가운데서도 가장 스케일이 큰 『화엄경』은 이 시기 보리수 아래 앉아 있는 붓다의 마음속에서 벌어진 일,

고따마 붓다가 성취한 깨달음의 세계를 그려놓은 것이라고 한다. 짐작하기로 이때 붓다께서 숙고한 내용은 지난 6년 동안 죽음을 넘나드는 고행과 갖은 고초 끝에 완성한 당신의 수행, 그리고 그 결실을 함축적으로 집약한 연기법을 거듭 되새기고 확인하신 것으로 보인다. 혹자는 이런 말이 못마땅할 수도 있다. "말 그대로 '완전한 깨달음'이라면 재확인 따위가 왜 필요한가?"라고.

나로서는 위에 말한 '해탈의 법열'과 붓다의 선정에 대해 말할 수가 없다. 자기가 몸소 체득하지 않은 것을 나불대는 것은, 더구나 불경을 끼고 익히며 사는 학인으로서는 삼가야 할 일이다. 여러 경전에 갖가지 비유와 방편을 들어 당신의 체험과 경지를 표명하셨지만 자기들 경험 밖의 일인 깨달음과 깨달은 이의 모습을 어떻게 묘사할 것인가? 붓다의 사후 약 200년 후에 세워진 거대한 산치(Sanchi) 대탑의 수많은 조각 가운데 그 어디서도 깨달음 이후의 붓다 모습은 찾을 수가 없다. 다만 보리수나무를 한 그루 새기고, 그 앞에 가느다란 선으로 붓다가 앉아 있는 자리를 표시해두었을 뿐이다. 온전한 깨달음을 이루신 붓다께서 저기 앉아 계시니 제 나름의 눈으로 새겨보라고 맡겨둔 것이다. 새끼 양이 들어 있는 어린 왕자의 상자처럼.

고따마 붓다가 이룬 깨달음의 내용은 다름 아닌 '연기법(緣起法)'이라고 한다. 이 세상에서 벌어지는 모든 일들이 반드시 그럴 만한 이유와 조건들에 의해서 생성과 변화를 거듭한다는 것이다. 그러나 깨달음이란 어느 날 문득, 인간을 포함한 온 우주가 연기의 원리에 의해 작동 운행되고 있음을 알았다는 벼락 같은 직관 혹은 통찰만을 말하는 게 아니다. 깊은 선정이나 직관을 들먹이지 않아도 아둔한 나로서도 우리 주변에서 일어나는 소소한 일에서부터 동네에서 벌어지는 일들이 모두 다 까닭이 있고 앞으로도 그럴 것임을 모르는 게 아니다. 그럼에도 지난주에 했던 어리석은 일을 오늘 다시 하고, 스무 살에 저지른 그 부끄러운 짓을 언제 다시 벌일지 나도 모른다. 그러나 적어도 경전 속에서 말하는 아라한의 깨달음은 우리를 어두운 윤회 속으로 끌고 다니는 행위(業)의 속성을 속속들이 꿰뚫어 보았을 뿐만 아니라 완벽하게 제어하고 조절할 수 있으며, 다시는 탐욕과 미움과 미혹에 끄달리는 일 없이 윤회에서 완전한 자유를 성취했다는 승리와 완결의 선언인 것이다.

그래서 불경에는 붓다를 포함한 여러 제자들의 깨달음이 이렇게 정형화된 문구로 표현된다. "태어나는 일은 끝났다. 청정한 수행은 완성되었다. 할일을 해 마쳤다. 이제 더이상의 생은 없다〔khīṇā jāti, vusitaṃ brahmacariyaṃ, kataṃ karaṇīyaṃ, nāparaṃ itthattāyā〕." 사족을 달면 '불사(不死)'의 경지란 '죽어도 안 죽는' 별천지 무릉도원을 찾았다는 것이 아니라 다시는 태어날 일 없으니 죽을 일이 없다는 소리다.

정각자의 고독

이렇게 서너 이레를 이 나무 저 나무를 오가며 지내던 중 다시 '목동들 반얀나무'로 돌아와 앉아 계시던 붓다의 마음속에 이런 생각이 떠올랐다. '내가 성취한 이 연기법은 추론 저 너머에 있으며(atakka-avacara), 난해하여 오직 지혜로운 사람만이 이해할 수 있다. 그러나 사람들은 오직 눈앞의 욕망에 사로잡혀 거기에 골몰하고 허우적거린다. 그들로서는 쉽게 이해할 수 있는 것이 아니다. 알 수 없을 뿐만 아니라, 오랜 세월 익히고 쌓아온 습관과 성벽(行業, saṅkhārā)을 녹이고, 윤회와 고뇌의 바탕인 탐욕을 지우며, 그 탐욕의 완전한 소진의 결과인 해탈, 열반을 성취하는 일은 있을 수 없다. 사람들에게 이것을 설명하고 가르친다 해도 내 말을 이해하지 못하고 수용할 수 없다면 결국 피로감과 실망만 남지 않을까?' 그래서 속으로 뇌었다.

그토록 어렵게 성취한 이 법
그냥 혼자 누리고 말지
탐욕과 증오로 찌든 사람들
그 눈에 이게 보일 리 있나
세상의 흐름을 거스르는 이 원리
실로 심오하고 미묘하도다
욕망과 어둠에 쌓인 저들 보지 못하리

〔Vin I. p. 5〕

일찍이 한 불교학자는 이 정황을 '정각자의 고독'이라고 묘사한 바 있다. 분명 이런저런 생각이 오갔을 것이다. 그 와중에 당신의 출가와 방랑, 부친과 가족 친지들의 기대 등에 대해서도 숙고할 수밖에 없었을 것이다. 우선 강력한 두 왕국 사이에 끼어늘 그 존립을 위협받고 있는 석가(Sakya)족 사람들은 신묘한 능력으로 부족을 지켜줄 위대한 지도자를 기다리고 있었을지도 모른다. 자신의 출가를 반대하던 부친이 그랬었다. "알거지 출가 사문(samaṇa)이 어떻게 세상을 돕는단 말인가? 떠돌이 사문이 다른 사람들을 돕는 것을 본 적이 있는가? 그들은 숲에서 빈둥거리다가 거기 없는 것을 구하러 마을에 내려온다. 아무것도 베풀지 못하면서 가난한 마을 사람들이 어렵게 만든 것을 얻고자 기대한다. 그게 어떻게 자비행이 되는가? 도움은커녕 그들은 그저 사회의 짐일 뿐이다." 그때 청년 싯다르타는 강변했었다. "제가 생각하는 출가는 그 자체가 목적이 아니라 하나의 수단일 뿐입니다. 제가 인간고를 해결할 방법을 찾는다면 그것은 부자나 가난한 사람, 저를 도와주었거나 거절한 사람 모두에게 두루 이로운 일이 될 것입니다. 저는 결코 세상의 짐이 되지 않겠습니다. 그리고 영영 숲속에만 머물지는 않을 것입니다. 그 또한 하나의 수단이기 때문입니다."

그런데, 지금 자신이 성취한 깨달음이 세상에 어떤 득이 될 것인가? 세상 사람들이 소위 성자에게 기대하는 것은 무엇인가? 농사를 망치지 않고, 장사에 성공해서 창고에 더 많이 쌓아 두고, 누구에게 빼앗기거나 잃는 일 없이 오래오래 배부르고 안락하게 살도록 축복해주는 일이다. 죽었다가 살아나기도 하고, 영영 죽지 않으면 더 좋고…… 능사로 이런 이적을 보이는 초능력자여야 한다. 어느 성자가 그렇게 축복하거나 저주를 내리면 정말 그렇게 되기는 하는가? 되건 말건 대중은 가장 기본적인 인과의 원리를 초월하는 혹은 정반대되는 현상을 보여주기를 바란다.

그러나 정작 고따마 붓다가 꿰뚫어 본 진리는 이 세상에 '절대'란 없으며 제가 행한 대로 거둔다는 것이다. 누가 누구에게 복을 주거나 벌을 내리는 것이 아니다. 그럴 만한 조건에서 그런 현상이 일어난다. 각자의 삶이 제 스스로의 의지와 결단을 비롯해서 그 밖에 여러 조건들과 함께 어우러져 굴러간다. 그것을 바로 알아야 욕망과 증오에서 온전히 자유로워질 수 있다. 존재의 실상을 제대로 알고, 그에 합당하게 실천하는 것이다. 금생에 인간이 이룰 수 있는 궁극의 자유란 탐욕과 미움, 어리석음에서의 자유다. 이러한 붓다의 발상은 당시의 제사 의식주의 사제들이나 종교 장사꾼들, 세상의 일반적인 바람을 거스르는 것이었다.

범천의 권청

피를 말리는 정진 끝에 이룬 성취를 누구에게도 드러내 설명할 수 없다면, 누구도 알아듣지 못한다면 어떻게 해야 할까? 다만 막막하고 갑갑했을까? 어쩌면 '정각자의 고독'이라는 표현은 붓다에 대한 불경일 수도 있다. 말 그대로 완전히 자유로운 분, 그 어떤 것에도 걸림 없는 분에게 회한이나 원망, 멜랑콜리 따위가 가당키나 한 말인가? 그러나 나는 아라한, 붓다, 세존, 어떻게 불러도 그분을 마른 나뭇가지나 차디찬 바윗덩어리라고 생각하지는 않는다. 나만 그렇게 생각하는 것은 아닌가보다. 앞에 인용한 율장 대품(大品, Mahāvagga)은 이 대목에 바라문교의 최고신 범천(梵天, Brahmā)을 등장시킨다. 다소 회의적인 붓다의 마음을 읽은 브라흐마가 범천에서 득달같이 내려와 붓다께 간청했다.

지난날 마가다 사람들 가운데
흠투성이 교설들이 있었습니다
이제 님의 청정한 법 여기 있으니
불사(不死)의 문을 여소서, 법을 듣게 하소서
산정 높이 올라 사위를 둘러보는
일체안(一切眼, samanta-cakkhu)의 현자여
법단에 오르소서

번뇌를 다한 분이시여

생사의 바다에 빠져
슬픔에 잠긴 저들을 보소서
일어나소서, 마라를 물리친 영웅이시여
빚을 모두 청산한 대상(隊商)의 길잡이로
세존이시여, 세상으로 나가소서
법을 설하소서, 거기 들을 자 있으리니

〔Vin I. p. 5; MN. I. pp. 168-169. 제26경 *Ariyapariyesanā-sutta*〕

경전 속의 이런 삽화 속에는 신화적 요소가 다분한데, 이천 오륙백 년 전의 인도 사회를 생각하면 당연한 일일 수밖에 없다. 붓다의 심중에 일어난 부정적인 생각을 마라의 유혹으로, 긍정적이고 바람직한 생각을 브라흐마의 간청으로 그려낸 것은 당시 사람들의 기호에 맞는 대중적 요구일 수도 있다. 경전도 큰 틀에서는 역사적 인물 고따마 붓다의 행적을 범부의 안목으로 당시 유행하던 신화와 섞어 엮은 문학 작품인 것이다.

고따마 붓다의 깨달음이 더이상의 확인이나 검증을 필요로 하지 않는 완벽한 통찰이라 하더라도 그 내용을 어떻게 전달하고 이해시킬 것인지에 대한 숙고는 당연한 일이라고 할 수 있다. 가장 방대한 대승 경전 『화엄경』은 사실상 이 시기 붓다의 마음 속에서 벌어진 일을 그려놓은 것이라고 한다. 『화엄경』을 듣는 사람들은 그 당시 거기 살던 호모사피엔스가 아니다. 그 내용

역시 붓다의 연기 원리를 무한 시공으로 확장시킨, 요즘식으로 하면 우주 공상 과학 판타지 소설이다. 각설하고, 붓다의 통찰은 이런 과정을 통하여 일목요연한 체계로 정리되었으리라고 짐작할 수 있다.

인도 이야기가 으레 그렇듯 여기서도 세 차례의 밀당이 이뤄진다.

"세존이시여, 부디 사람들로 하여금 온전한 진리의 말씀을 듣게 하소서! 그 가운데 맑은 눈을 가진 사람들도 있습니다. 그들이 아예 듣지도 못한다면 영영 헤어날 가망이 없지 않습니까. 누군가는 세존의 가르침을 이해할 것입니다!"

이렇게 거듭된 간청과 숙고 끝에 붓다께서 선언하셨다.

불사의 문 활짝 열려 있나니
들을 수 있는 자 믿음으로 귀기울이라
브라흐마여, 내가 법을 설하지 않은 것은
행여 그대들 상하지 않을까 해서였노라!

〔Vin I. p. 5〕

붓다께서는 당신의 가르침을 "Ehi, passiko!"라고 하셨다. 열려 있으니 "와서 보라!"는 말이다. 스스로 와서 보고 검증해서 마음에 들면 수용하라는 것이다. 귀 있는 자 듣고, 눈 있는 자

보라!

붓다께서는 당신의 가르침을 쉽게 이해할 수 있는 사람들이 누굴까 헤아려보았다. 맨 먼저 떠오른 사람들이 6년 전 출가 초기에 요가와 명상 기법을 가르쳐주었던 두 스승 알라라 깔라마와 웃다까 라마뿟따였다. 그러나 그들은 이미 이 세상 사람이 아니었다. 다음으로 생각한 것이 바라나시의 녹야원으로 간 다섯 명의 동료 수행자였다. 고따마 붓다는 고해에 빠진 중생들을 제도할 방편을 획득했다는 확신과 그들을 깨달음으로 이끄는 일에 신명을 다하리라는 원력으로 바라나시를 향해 떠났다. 고따마 붓다를 길에서 태어나, 길에서 살다가, 길에서 가신 분이라고 했다. 물론 진리의 길이라는 뜻이겠지만 모래바람과 땡볕이 내리쬐는 갠지스 평원의 피곤한 길이라는 뜻도 함께 가지리라. 고따마 붓다께서 생의 마지막날까지 걸으신 스승의 길은 이렇게 시작되었다.

녹야원으로

붓다께서 밝히신 것처럼 당신이 통찰했다는 연기법은 누가 만든 것이 아니다. 그것은 애초 그냥 그런 것이다. 미세한 흙먼지에서 광활한 우주에 이르기까지, 단세포생물에서 가장 복잡하게 진화한 생명체까지, 온 세계가 작동하는 기본 원리다. 그러나 이 원리를 인간고의 발생과 그 해결의 방책으로 원용하려는 발상은 전혀 유례없는 일이었다. 더구나 조건적 발생, 연기(緣起, paṭicca-samuppāda)라는 용어 자체는 불교 이외의 전적, 『베다』 『우빠니샤드』 등 그 어디서도 찾아볼 수 없다. 이 연기법이라는 아이디어에 대한 지적 소유권은 순전히 고따마 붓다 그분께 있다. 그러나 수행에 관한 가르침, 실천론은 이미 있었던 사상들의 분석적 이해에 바탕을 두고 있다. 붓다의 분석은 독특한 통찰로 종합되고, 붓다의 직관을 통해 새로운 교설로 태어났다. 새벽처럼 맑은 붓다의 깨달음은 세계를 있는 바 그대로(yathā-bhūta) 보고, 해탈의 길을 여는 실천 체계를 이루어낸 것이다. 따라서 고따마 붓다께서 당신의 길이 "덤불을 헤치고 잊힌 도시로 가는 옛길을 다시 발견한 것"〔SN. II. p. 104. *Nagara-sutta*〕이라거나 그것은 "전혀 들어본 적이 없는 새것"〔Vin I. p. 5〕이라고 밝히신 것은 전혀 모순되지 않는다.

불교의 수행 원리와 윤리적 행위의 근거는 인간과 세계의 실상을 바로 알아야 바른 실천이 가능하다는 것이다. 고따마 싯다르타는 우리를 고뇌와 윤회에 얽어매는 요소들과 그것들의 작동 구조를 제대로 아는 것이 문제 해결의 시작이라고 확신했다. 도중에 고행을 포기한 것도 "고행을 통해 감각적 욕망을 극복한다 하더라도 그것이 해탈의 지혜로 이끌지 않는다"〔MN. 제12경 *Mahāsīhanāda-sutta*〕는 이유에서였다. 우리를 윤회 속에 가둔 것이 무명이라면 그 어리석음과 욕망의 속내를 통찰함으로써 벗어날 길이 열린다. 지혜는 곧 해탈의 수단이며 결과다. 따라서 고따마 붓다 스스로도 존재의 실상을 온전히 꿰뚫어 봄으로써 윤회의 짐을 벗고 완전한 해탈을 성취했다고 밝히신다.

경전이나 율장 기록에 따르면 붓다께서는 성도 후 보드가야의 보리수 주변에서 일곱 이레를 지내고 바라나시 녹야원을 향해 출발하셨다고 한다. 남방 불교 전통으로는 붓다의 출생, 성도, 열반일은 모두 웨사카(vesākhā) 달 보름으로 되어 있다. 우리로는 음력 사월 보름날이다. 붓다 시대의 기후가 요즘과 어떻게 다른지 알 수 없지만 4~5월이면 지난해 10월 이후 전혀 비가 내리지 않아 완전히 메말라서 어지간한 샛강은 거의 바닥을 드러내고, 들판의 마른 풀들은 미풍에도 바스러지는 시절이다. 앞으로 최소한 한 달 남짓을 더 기다려야 비를 품은 몬순 구름이 아라비아해에서 몰려올 것이다. 10년 넘게 살았던 인도에서 나에게 웨사카 달은 다디단 망고가 지천에 널려 있다는 것 빼고는 좋을 게 하나도 없는, 그냥 고통스러운 때였다. 바람 한 점 없이 섭씨 40도를 오르내리면 길바닥에서는 미금 타는 냄새가 훅훅

올라온다.

붓다께서 바라나시로 출발하실 무렵이면 아마 막 우기가 시작되었거나 이따금 습기를 품은 바람이 설핏 지나갈 수도 있는 때다. 바라나시로 가기 위해서는 갠지스 평원을 북서쪽으로 약 200킬로미터쯤 가로질러가야 한다. 이 길은 먼 옛날부터 방글라데시 남단에서 시작, 인도 대륙 북부를 동서로 횡단하여 파키스탄의 간다라 지역으로 이어지는 북로(北路, Uttara-patha)의 일부다. 약 200년 뒤 아쇼카 시대에는 가로수를 심고, 1킬로미터 안팎으로 우물을 파고, 곳곳에 숙소를 만들었다고 한다. 지금이야 털털거리는 고물 트럭으로도 한나절 거리에 불과하지만 그 시절 망망한 벌판 이글거리는 태양 아래 오백 리 길은 그것만으로도 엄청난 고행이었으리라.

우루웰라에서 함께 수행하다가 도중에 고행을 포기한 싯다르타에게 실망한 다섯 동료는 언제부턴가 바라나시의 녹야원(Migadāya)에 머물고 있었다. 어느 날, 그들 중 하나가 멀리서 다가오는 한 사문을 보았다. 한눈에 사문 고따마를 알아볼 수 있었다. 그가 동료들에게 말했다. “여보게들, 저기 오고 있는 사람 말야, 고따마잖아. 그 변절자가 여긴 웬일이지?” 자기들끼리 약속했다. “자리에서 일어나지도 말고 인사도 하지 마! 바리때나 가사를 받아주지도 말고, 그냥 냅둬! 눈치 봐서 저쪽에 자리나 하나 내주자고. 그러고 싶으면 알아서 앉겠지 뭐!”

그러나 점점 가까이 다가오는 붓다의 자태는 그들을 그대로 자리에 앉아 있을 수 없게 만들었다. 안절부절못하던 그들 가운데 누구는 우르르 내달려가 바리때와 가사를 받아들고, 누구는 자리를 마련하고, 누구는 발 닦을 물을 날라오고, 발판과 수건을 내오는 등 애초의 약속을 지킬 수가 없었던 것이다.〔Vin I. pp. 8-9〕

나는 자칭 도인의 신통력이나 그들이 내보인다는 초자연적 현상을 아예 믿지 않는다. 사람들 입에 오르내리는 신기한 일이나 소문에 눈을 흘기며 귀를 꽉 닫아버리고 마는 나로서도 위 다섯 수행자의 행동은 진심이었으리라고 믿는다. 그리고 거기에 더해 나는 고따마 붓다의 삶 자체가 늘 알 수 없는 빛을 뿜어냈다고 믿는다. 저들 다섯 수행자는 분명 내가 생각하는 그 빛을 보았을 것이다. 중노릇 50년이 나를 좀 물렁하게 만든 걸까?

발을 닦고 자리에 앉은 고따마가 입을 열었다. "수행자들이여, 아라한, 완전한 깨달음을 성취한 삼붓다, 여래의 이야기에 귀기울이시오. 내가 이룬 불사의 법을 설하리다. 이대로 행하면 그대들 또한 머지않아 집을 버리고 나와 추구했던 궁극의 목적을 증득(證得)하여 머물 것이오."

이에 다섯 수행자가 미덥지 않다는 투루 말했다. "벗(āvuso) 고따마여, 그대는 그토록 험한 고행으로도 보통 사람을 능가하는 힘이나 성스러운 지혜를 획득할 수 없었네. 그런데 어떻게 그 고행을 팽개치고 안락하고 풍족한 생활에 빠진 변절자가 온전한 통찰력, 성스러운 지혜를 이룰 수 있다는 말인가?"

고따마가 답했다. "수행자들이여, 더이상 여래를 옛 이름이나 '벗'이라는 호칭으로 부르지 마십시오. 여래는 풍요에 빠진 적이 없습니다. 정진을 버리고 호사를 누린 적도 없습니다. 수행자들이여, 여래가 성취한 불사의 법을 설하리다. 이대로 행하면 그대들 또한 머지않아 집을 버리고 나와 추구했던 궁극의 목적을 증득하여 머물 것이오."

내내 미심쩍어 고개를 갸웃거리는 수행자들에게 고따마가 물었다.

"수행자들이여, 그대들 기억에 내가 언제 단 한 번이라도 이렇게 말한 적이 있었습니까?"

"그렇지 않습니다, 반떼!"

위 이야기에 약간 비위가 상한 사람도 있을 것이다. "모든 세속사에 자유자재하신 아라한, 붓다께서 그깟 호칭에 발끈할까?" 해선데, 이는 일단, 인도인들의 지극한 구루(guru) 숭배의 산물로 보인다. 동료 수행자나 제자 혹은 나이 어린 수행자를 '아부소(āvuso)'로, 스승과 선배 수행자를 '반떼(bhante)'로 부르는 것은 지금까지 남방 불교도들이 지키는 불문율이다. 그런데 재미있는 것은 위 '아부소(āvuso)'라는 단어는 본디 'āyus-mant(수

명이 긴 분)'로 앞으로 오래 살 사람이 아니라 이미 오래 사신 '어르신'이라는 뜻이다. 그래서 한역 경전에는 '구수(具壽)'라고 옮겼다. 허긴, 어린 동무를 어르신이라고 좀 불러주면 어때?

비로소 다섯 수행자가 마음을 가다듬고 귀를 열어 깨달은 이의 말씀을 듣게 되었다. 이렇게 붓다의 최초 설법, 초전법륜(初轉法輪, dhamma-cakka-pavattana)이 이루어졌다. 음력 유월 보름날이었다. 고따마 붓다가 보리수 아래서 온전한 깨달음을 성취하신 지 두 달 뒤의 일이라고 한다. 이날은 남방 불교국에서 붓다의 최초 설법을 기리는 아살하(āsāḷha) 축제와 동시에 우기(vassa) 안거가 시작되는 날이다.

제2부

부처님의 가르침

사성제

여기서는 『초전법륜경初轉法輪經』을 직접 읽어보면서 사성제에 대해 살펴보겠다.

경전 읽기

【 초전법륜경 】

〔SN. V. pp. 420-424. *Dhammacakkapavattana-sutta*〕

이와 같이 나는 들었다. 한때 세존께서 바라나시 이시빠따나의 녹야원에 머무셨다. 세존께서 다섯 수행자에게 말씀하셨다.

양극단

"비구들이여, 수행자가 따르지 말아야 할 두 가지 극단이 있다. 무엇인가? 하나는 욕망에 빠져 '감각적 쾌락'을 탐닉하는 것이니, 이것은 저열하고 천박하며 득이 되지 않는다. 다른 하나는 괴롭고 성스럽지도 않으며 이로울 게 없는 '고행'에 전념하는 것이다."

중도

"비구들이여, 여래는 이 양극단을 지양하고 '중도(中道, majjhimā paṭipadā)'를 깨달았으니, 〔중도는〕 눈을 뜨게 하고, 통찰지를 일으키며, 적정(寂靜)과 예지(叡智), 온전한 깨달음, 열반으로 인도한다."

"비구들이여, 여래가 성취한 '중도'란 무엇인가? 그것은 바로 고귀한 팔성도(八聖道)를 이름이니, 정견(正見, sammā-diṭṭhi), 정사유(正思惟, sammā-saṅkappa), 정어(正語, sammā-vācā), 정업(正業, sammā-kammanta), 정명(正命, sammā-ājīva), 정정진(正精進, sammā-vāyāma), 정념(正念, sammā-sati), 정정(正定, sammā-samādhi)이 그것이다."

"비구들이여, 이것이 바로 여래가 성취하였으며, 눈을 뜨게 하고, 통찰지를 일으키며, 적정과 예지, 온전한 깨달음, 열반으로 인도하는 '중도'다."

사성제

고성제(苦聖諦, Dukkha-ariya-sacca)

"비구들이여, 이것이 고(苦)에 관한 성스러운 진리, '고성제(苦聖諦)'니, 태어남이 고(苦)요, 늙음도 고요, 병듦도 고요, 죽음도 고다. 싫은 것 함께하는 것이 고요, 좋아하면서도 떨어져야 하는 것이 고요, 원하는 것을 얻지 못하는 것이 또한 고다. 한마디로(saṃkhittena), 취착의 대상인 이 오온덩어리(五取蘊, pañca-upādāna-khandhā) 자체가 곧 고다."

고집성제(苦集聖諦 Dukkha-samudaya-ariya-sacca)

"비구들이여, 이것이 고 발생에 관한 성스러운 진리, '고집성제(苦集聖諦)'니, 고의 발생은 '갈애(渴愛, taṇhā)'에서 비롯된 것으로, 이런저런 대상을 탐하여 일어나서 중생들을 윤회의 굴레에 묶는 감각적 욕망(欲愛, kāma-taṇhā)과, 끝없이 살고자 하는 욕망(有愛, bhava-taṇhā), 절대 무에 대한 욕망(無有愛, vibhava-taṇhā)이 그것이다."

고멸성제(苦滅聖諦, Dukkha-nirodha-ariya-sacca)

"비구들이여, 이것이 고의 온전한 소멸, 열반에 관한 성스러운 진리, '고멸성제(苦滅聖諦)'니, 그것은 바로 갈망의 남김 없는 탈색, 소진이며, 버림, 놓아 보냄, 해방이며, 더이상 집착하지 않음이다〔taṇhāya asesa-virāga-nirodho cāgo paṭinissaggo mutti anālayo〕."

고멸도성제(苦滅道聖諦, Dukkha-nirodha-gāmini-paṭipadā-ariya-sacca)

"비구들이여, 이것이 바로 고의 소진으로 이끄는 길에 관한 성스러운 진리, '고멸도성제(苦滅道聖諦)'니, 곧 정견(正見), 정사유(正思惟), 정어(正語), 정업(正業), 정명(正命), 정정진(正精進), 정념(正念) 그리고 정정(正定)이다."

삼전십이행상(三轉十二行相, ti-parivaṭṭa-dvādasa-ākāra)

"비구들이여, 나에게 이전에 들어보지 못한 '이것이 고(苦)에 관한 성스러운 진리다'라는 법안이 생겼다. 통찰력과 반야, 명지(明智), 빛이 일어났다.

'이 고성제는 온전히 이해되어야 한다(pariññeyya)'는 법안이 생겼다. 통찰력과 반야, 명지, 빛이 일어났다.

'이 고성제는 온전히 이해되었다(pariññāta)'는 법안이 생겼다. 통찰력과 반야, 명지, 빛이 일어났다."

"비구들이여, 나에게 이전에 들어보지 못한 '이것이 고 발생의 성스러운 진리다'라는 법안이 생겼다. 통찰력과 반야, 명지, 빛이 일어났다.

'이 고 발생의 원인들은 버려져야 한다(pahātabba)'는 법안이 생겼다. 통찰력과 반야, 명지, 빛이 일어났다.

'이 고 발생의 원인들은 온전히 버려졌다(pahīna)'는 법안이 생겼다. 통찰력과 반야, 명지, 빛이 일어났다."

"비구들이여, 나에게 이전에 들어보지 못한 '이것이 고 소멸의 성스러운 진리다'라는 법안이 생겼다. 통찰력과 반야, 명지, 빛이 일어났다.

'이 고 소멸의 성제는 증득되어야 한다(sacchikātabba)'는 법안이 생겼다. 통찰력과 반야, 명지, 빛이 일어났다.

'이 고 소멸의 성제가 증득되었다(sacchikata)'는 법안이 생겼다. 통찰력과 반야, 명지, 빛이 일어났다."

"비구들이여, 나에게 이전에 들어보지 못한 '이것이 고의 소멸에 이르는 도성제(道聖諦)다'라는 법안이 생겼다. 통찰력과 반야, 명지, 빛이 일어났다.

'이 고의 소멸에 이르는 도성제는 닦아야 한다(bhāvetabba)'는 법안이 생겼다. 통찰력과 반야, 명지, 빛이 일어났다.

'이 고의 소멸에 이르는 도성제를 온전히 닦았다(bhāvita)'는 법안이 생겼다. 통찰력과 반야, 명지, 빛이 일어났다."

삼전십이행상

삼전십이행상(三轉十二行相, ti-parivaṭṭa-dvādasa-ākāra)은 사성제 각각에 대한 세 단계(三轉)의 체계적 이해를 말한다. 사성제의 네 가지 지혜 각각에 대해 세 단계로 설명하므로 총 열두 가지가 되어 십이행상(十二行相)이라고 한다.

세 단계, 즉 '세 바퀴(ti-parivaṭṭa)'란 사실 자체에 대한 통찰(sacca-ñāṇa), 목적에 대한 통찰(kicca-ñāṇa), 결과에 대한 통찰(kata-ñāṇa)을 말한다. 여기 'kicca'는 '반드시 그렇게 해야 할'이라는 의미로 '의무' '임무' 등을 뜻하며, 'kata'는 '이미 행해진' '만들어진' '성취' '완료'를 뜻한다. 이 세 가지를 사성제에 대입하면 다음과 같다.

1-1 이것이 고(苦)다.
1-2 이 내용은 온전히 이해되어야 한다(pariññeyya).
1-3 완벽하게 꿰뚫어 알았다(pariññāta).

2-1 이것이 고 발생의 원인이다.
2-2 이것들은 완전히 폐기되어야 한다(pahātabba).
2-3 그래서 다 버려 없앴다(pahīna).

3-1 이것이 고의 소멸이다(열반).
3-2 이것은 성취(證得)되어야 한다(sacchikātabba).
3-3 그렇게 이뤄냈다(sacchikata).

4-1 이것이 열반으로 가는 길이다.
4-2 이렇게 닦아야 한다(bhāvetabba).
4-3 온전하게 닦아 이뤘다(bhāvita).

증득

'증득(證得)'이라는 용어는 'sacchikaroti'를 옮긴 것이다. 본디 'sa-akkhi-karoti' 세 단어로 이루어진 합성어로 곧이곧대로 직역하면 '제 눈으로 직접 보다'가 된다. 경전 속에서 '꿰뚫어 보았다' 혹은 '깨달았다'는 것은 어떤 사실에 대한 이성적 이해에 그치지 않고 그 통찰 내용이 구체적인 삶으로 실현되고, 증명되었다는 뜻이다. 즉, 불교가 말하는 깨달음은 세상을 보는 바른 눈을 가졌을 뿐만 아니라 그렇게 아는 대로 실천하여 증명해 보인다는 말이다. 혹여 누군가 제 입으로 '깨달음'에 대해서 말하거든 가만히 그 사람이 하는 일을 보시라! 부처님을 이르는 열 가지 호칭이 있는데, 그 세번째가 '명행족(明行足)'이다. '지혜와 실천이 함께 가는 분(vijjā-caraṇa-sampanna)'이라는 뜻이다.

완전한 깨달음(sammā-sambodhi)의 선언

"비구들이여, 나는 이들 사성제에 관한 삼전십이행상(三轉十二行相)을 여실지견하지 못했을 때, 누구에게도 깨달음을 성취했다고 말한 적이 없었다. 그러나 비구들이여, 이제 나의 사성제에 관한 삼전십이행상의 통찰이 완전하고 청정하기 때문에 비로소 나는 누구에게라도 위없는 깨달음을 이루었노라고 공언하는 것이다. '나의 해탈은 확고부동이다. 이것이 내 마지막 생이며 더이상 태어남은 없다〔akuppā me vimutti, ayamantimā jāti, natthidāni punabbhavo〕!'라고."

다섯 수행자는 세존의 말씀에 크게 기뻐하였다.

이러한 상세한 가르침이 설하여졌을 때, 꼰단냐(Kondañña) 존자에게 티없이 맑은 진리의 눈, 즉 법안(法眼)이 열렸다. '생겨난 것은 무엇이건 모두 다 소멸하게 되어 있다〔yaṃ kiñci samudayadhammaṃ, sabbaṃ taṃ nirodhadhammaṃ〕'라고.

이와 같이 세존께서 법륜을 굴리셨을 때, 땅의 신들이 외쳤다. "세존께서 바라나시 이시빠따나의 녹야원에서, 위없는 법륜을 굴리셨나니, 어떤 사문이나 바라문도, 신이나 마라나 범천도, 이 세상 그 누구도, 이것을 멈추게 할 수 없노라!"라고.

지신들의 소리를 듣고 사대천왕신들이 외쳤다. 사대천왕신들의 소리를 듣고 삼십삼천신들이, 삼십삼천신들의 소리를 듣고 야마천신들이, 야마천신들의 소리를 듣고 도솔천신들이, 도솔천신들의 소리를 듣고 화락천신들이, 화락천신들의 소리를 듣고 타화자재천신들이, 타화자재천신들의 소리를 듣고 범신천신들이 외쳤다.

"세존께서 바라나시 이시빠따나의 녹야원에서, 위없는 법륜을 굴리셨나니, 어떤 사문이나 바라문도, 신이나 마라나 범천도, 이 세상 그 누구도, 구르는 법륜을 멈추게 할 수 없노라" 라고.

이처럼 짧은 순간에 범천의 세상에 이르기까지 퍼져나갔다.

그리고 일만 개의 세계는 흔들렸고, 강하게 요동쳤으며, 장엄한 빛이 나타났나니, 그것은 신들의 광채를 능가하였다.

이에 세존께서 감흥어를 토하셨다.

"꼰단냐가 제대로 꿰뚫어 알았구나, 꼰단냐가 제대로 알았구나〔aññāsi vata, bho, koṇḍañño, aññāsi vata, bho, koṇḍañño〕!"라고.

이런 연유로 그후 꼰단냐 존자는 '안냐시 꼰단냐(阿若 憍陳如, Aññāsi-koṇḍañña)'로 불리게 되었다.

첫번째 제자 꼰단냐

수계 의식이 정형화되지 않은 초기 교단에서 아직 공식적인 입문 의식은 없었다. 붓다께서 다만 "오라, 비구여! 법은 이미 잘 설해졌다. 둑카를 온전히 끝장내기 위하여 범행(梵行)을 실천하라〔ehi bhikkhu svākkhāto dhammo, cara brahmacariyaṃ sammā dukkhassa antakiriyāyā〕!"라고 말하는 것이 전부였다. 한역에서는 이를 "선래 비구(善來 比丘)!" 형식이라 한다. 꼰단냐(Koṇḍañña)는 이렇게 부처님의 첫번째 제자가 되었다. 꼰단냐를 비롯한 다섯 비구는 『무아상경』의 설법을 듣고 바로 아라한이 되었다고 한다.〔Vin I. p. 14〕 붓다께서 뒷날 많은 대중이 함께한 기원정사의 법회에서 처음으로 당신의 가르침을 이해한 사람이 꼰단냐라고 밝히셨다. 또한 증지부의 한 경전에는 그가 가장 긴 세월을 당신과 함께한 제자라고 선언하셨다〔etad aggaṃ bhikkhave mama sāvakānaṃ bhikkhūnaṃ rattaññūnaṃ yadidaṃ aññākoṇḍañño〕.〔AN. I. p. 23〕

오온

앞에서 본 고성제 내용 가운데 붓다께서는 인간을 '오온'의 존재라 하셨다. 달리 명색(名色)이라고도 한다. 이는 곧, 인간의 신체(色, rūpa)에 네 가지 정신 활동(名, nāma) 내용을 더하여 다섯 가지로 나누어 설명한 것이다. 이 '오온'은 '오취온(五取蘊, pañca-upādāna-khandha)'의 줄임말이다. 단어 순서대로 직역하면 '다섯 가지-집착-덩어리'가 된다. '다섯 가지 집착의 대상'이라고도 하는데, 이는 인간 존재를 구성하는 색(色) · 수(受) · 상(想) · 행(行) · 식(識) 하나하나를 말하기도 하고, 이 다섯 가지를 모두 합한 한 덩어리를 가리킬 수도 있다. 이 오온을 갖추어 쓰면 '오취온'이지만 보통 색온(色蘊, rūpa-khandha) · 수온(受蘊, vedanā-khandha) · 상온(想蘊, saññā-khandha) · 행온(行蘊, saṅkhāra-khandha) · 식온(識蘊, viññāṇa-khandha)으로 통한다. '온' 자를 떼어내고 쓰는 것이 더 일반적이다. 여기서 'khandha'라는 용어는 본디 '가지가 아닌 본 줄기' '몸통' '동체' '덩어리' '모음' 등을 뜻한다. 따라서, '오온'이 '다섯 가지 온의 총합'이라는 것은 말할 것도 없지만, 각각의 '온' 역시 단수가 아니라, 여러 요소가 쌓이고 모여 이루어진 '덩어리'라는 의미를 살려 '온(蘊)'을 쓴 것으로 보인다.

중국에서 '명색(名色, nāma-rūpa)'이라는 말이 언제부터 쓰인 것인지 알 수 없지만, 인도에서는 불교 이전, 『우빠니샤드』 전적에서도 다른 사람과 구별되는 개인이라는 뜻으로 'nāma-rūpa'라는 단어를 썼다. '저만의 모양과 이름을 가진 존재'라고 읽힐 수도 있겠으나, 여기서 'nāma', 즉 '명(名)'은 이름이 아닌 마음을 뜻한다고 했다. 불교 전적에서도 'nāma'는 정신 요소, 즉 수(受)·상(想)·행(行)·식(識)을 통칭하는 것이 일반적이다. 아비담마에서는 'nāma'를 수(受, vedanā), 상(想, saññā), 의사(意思, cetanā), 촉(觸, phassa), 주의(注意, manasikāra)라고도 한다. '색(色)'은 지(地)·수(水)·화(火)·풍(風) 사대(四大)를 모두 아울러 이르는 말이며, 오온에서 색은 육신을 가리킨다. 이들 오온을 간략히 설명하면 아래와 같다.

색

색신(色身), 형상(形相), 물질(物質) 등으로 쓰인다. 이는 우선 지(地)·수(水)·화(火)·풍(風) 사대(四大)를 포함한 물질 전반을 지칭한다. 다만 한 가지 유의할 점은 위의 지·수·화·풍은 우리가 과학 시간에 배웠던 것처럼 물질을 질소, 철, 칼슘, 우라늄, 탄소 등의 원소로 나눈 것이 아니라 성질로 구분한 것이다. 지·수·화·풍은 차례대로 고형성·점성·열성·유동성을 말한다. 또한 색(色, rūpa)은 우리들의 몸(肉身)과 여섯 감각기관(六根) 그리고 육근에 상응하는 외부 지각 대상으로서의 물질과 현상이라는 의미로 쓰인다. 제육근(第六根)인 마노(manas, 意)는 앞에 다섯 감관과 마찬가지로 하나의 기관으로 친다. 그러니 옛 인도 사람들은 요즘 우리 상식과 달리 정신 활동을 관장하는 기관을 몸 가운데서 심장이라고 한 것 같다. 경전에 나열 언급된 31종의 인체 부위와 장기 가운데 두뇌는 포함되지 않았고, 『숫따니빠타』에 나오는 '해골 속에 골수'라는 표현은 그냥 신체의 일부로 언급되는 것이며, 신체 부위 리스트에 '머릿속에 골수(matthake matthaluṅga)'가 첨가된 시기는 명확하지 않다.

수

수온(受蘊)은 여섯 감각기관과 이에 상응하는 대상과의 접촉에서 일어나는 감각 모임을 말한다. 이들 각각의 감각은 기꺼운 느낌(sukha), 달갑지 않은 느낌(dukkha), 좋지도 싫지도 않은 느낌(adukkha-m-asukha) 셋으로 나뉜다.

상

상온(想蘊)은 여섯 감관이 각각 상응하는 대상에 대한 인식(perception)을 말한다. 대상의 특성을 인지하고 이름을 붙이는 기능을 가리킨다. 이런 이유로 '무상(無常) 개념(anicca-saññā)' '부정(不淨) 개념(asubha-saññā)' 등에서처럼 '개념(concept)'이라고 하거나 '~라는 생각(idea)'의 뜻으로 쓰기도 한다.

행

너무 단순하고 쉬운 글자여서 오히려 머리를 어지럽게 하는 용어이기도 하다. 행(行, saṅkhāra)은 산스크리트 어근 √kṛ(하다)에 접두사 'saṃ'이 더해 만들어진 것으로 설명하는데, 어근의 핵심 의미인 '작(作)' '행(行)' '성(成)' '조(造)' 등의 어감을 살려 '행(行)'이라고 했으리라 짐작된다. 서구 번역가들도 비슷한 의도에서 'formation'을 많이 사용했다. 의도(intention)의 결과로 '형성되어진 것'이라는 의미와 적극적인 '형성 작용'이라는 의미를 함께 담고 있어서 유의할 필요가 있다. 크게 세 가지로 나누면 아래와 같다.

첫째, 행(行)은 조건에 의해 발생한 현상을 가리킨다. 불교책에서 '법(法)'이라고 표현된 거의 모든 경우가 사실은 법칙이나 원리 혹은 지켜야 할 규범 등을 의미하는 게 아니라 우리 눈앞에 벌어진 사건, 사물, 현상이라는 뜻이다.

정확히 말하면 이 법은 'paṭicca-samuppanna-dhamma', 즉 '조건에 의해 발생한 현상'에서 앞부분 '조건에 의해 발생한'이라는 꾸밈말이 생략된 표현이다. 이를 '유위법(有爲法)'이라고도 하는데, 이 말은 무조건, 절대적 존재가 아닌, 그러니까 조건의 변화에 의해 변할 수밖에 없고, 시간적으로도 유한한 존재라는 것이다. 가장 넓은 의미의 행은 곧 '현상의 세계'를 말한다.

둘째, 오온의 네번째 행온(行蘊, saṅkhāra-khandha)은 아비담마의 52가지 심소법(心所法, cetasika, 심리현상)에서 수(受, vedanā)와 상(想, saññā) 두 가지를 제외한 50가지를 통칭하는 이름이다. 아비담마에서의 본래 이름은 'citta-sampayutta-cetasikā dhammā' 인데 이를 직역하면 '마음에 엮여 생각에 속한 것'이 된다. 이 말은 '마음이 움직여 한 생각이 일었을 때, 거기 이미 생겨났거나, 앞으로 발생할 온갖 것들'을 뜻한다. 여기에는 우리네 마음속에서 벌어지는 모든 상태가 포함된다. 말하자면 지혜(paññā), 작심(cetanā), 집중(ekaggata), 연민(karuṇā)은 물론, 남들과 함께 나누고자 하는 기쁨(mudita), 주시(注視, manasikāra)는 물론 염치(hiri), 양심(ottappa)에 이어 몰염치(ahirika), 쫀쫀한 마음(macchariya), 시기심(issā), 자만(māna) 등도 포함된다. 이렇게 복잡하니 그냥 '행'이라 하면 이 모두를 다 아우르는 우리네 마음을 가리키는 부호(sign)라고 생각하시라!

셋째, 앞에 말한 52가지 심리현상이 다발로 모여 함께 움직이면 어떻게 될까? 실제로 이 심소법들은 여러 요소의 합이다. 서구 불교학자들이 쓴 'formation'이라는 용어는 이 의미를 암시하고 있다. 우리나라에서 이를 '형성' 혹은 '형성력'으로 옮겨 쓰기도 하는데 이런 연유를 모르고서는 어리둥절할 수밖에 없다. 이미 앞서 여러 조건에 의해 '형성된(formed)' 것들이 다시 연합한다는 의미에서 '형성(formation)'이라 하고, 이 요소들이 특수한 방식으로 무언가를 발생시킬 조건으로 작동할 때는 '형성하는(forming)' 것, 즉 작인(作因)이라는 의미에서 'formation'이라 한 것이다. 이 행(行)이 바로 십이연기의 두번째 고리로 상응하는 과

보(果報)를 초래할 의도적 행위를 가리키며 업(業, karma)의 동의어다. 어떤 개인의 심소법을 생각해보면 그 낱낱의 요소는 그 사람이 겪은 특유의 조건과 환경, 성장 배경, 교육 등에 의해 형성된 것으로, 특정 상황에 반응하는 그 사람 특유의 기질이나 성벽이 있을 수 있다. 바로 이런 이유에서 기질 혹은 성벽이라고도 하는 것이다.

식

인식 작용은 식온(識蘊)과 다른 세 비색온(非色蘊)인 수온(受蘊)·상온(想蘊)·행온(行蘊)이 연계되어 이루어지는데, 여기서 식(識)의 역할은 다만 대상의 존재를 감지할 뿐이고 정작 인식 자체는 상(想)의 기능이라고 한다. 즉, 눈과 대상에 의해 발생한 시각 의식은 시각기관인 눈이 시각 대상인 둥근 모양, 빨간색의 어떤 물건이 있다고 알아차리는 것만큼을 말하는 것이다. 그것이 어제 먹었던 사과와는 다른 품종의 사과라고 아는 것은 상온이라고 한다.

식은 심(心, citta)과 의(意, mano)의 동의어로 쓰였으며, 후대 전적에서는 대중적 의미로 사용되기도 했다. 예를 들어 생기가 있는 몸을 'sa-viññāṇaka'라고 했다. 몸이 죽으면 식은 다른 몸으로 옮겨가서 발판을 찾는다고 생각되었다. 말할 것도 없이 식을 불변의 지속적인 실체로 간주하는 견해는 강하게 비판되었다.

아뜨만을 인정하지 않으면서 윤회를 주장하는 불교의 논리는 중대한 오류거나 모순으로 비칠 수밖에 없다. 이생에 지은 업을 안고 다음 생에 태어나 그 행위에 상응하는 과보를 받아야 할 주인공이 빠졌다고 생각하는 것이다. 그러나 여러 경전에서 그것이 식이라고 말하고 있다. 다만 어떤 경우에도 식온은 다른 온들과 마찬가지로 하나의 흐름이며, 영속적인 실체로서의 자아를 구성하는 것이 아니라고 한다. 변치 않는 영생의 주체도 아니어서 아뜨만과 다르다는 것이다. 따라서 다음 생으로 지속되는 식을 인정하는 한 그러한 비판은 불변성에 한정되어야 할 것이다. 즉, 이 식은 맑아질 수도 있고, 오염될 수도 있으며, 조건에 따라 영영 소멸할 수도 있다.

심(心, citta) · 의(意, mano) · 식(識, viññāṇa)은 서로 호환 가능한 동의어로 취급되는데 적확한 표현을 위해서는 세심한 주의를 요한다. 우선 첫째 심(心)에 대응하는 빨리어 단어인 'citta'는 동사 'cit(생각하다)'의 과거분사로 '생각한 것'이라 할 수 있다. 정확히는 사유 내용이어야 하지만, 마음이라는 뜻으로 쓰일 때 'citta'는 생각이 아닌 생각의 주체 혹은 생각이 담긴 것을 가리킨다. 다음, 의(意)에 대응하는 빨리어 단어인 'mano'는 '생각하다' '상상하다' '~라고 여기다' 등의 뜻을 가진 동사 'maññati'의 파생어로 '생각' '마음'을 뜻한다. 하지만 명사형 'mano'는 앞의 'citta'처럼 생각하는 주체로 쓰이는 경우가 많고, 특히 의지(cetanā)와 욕구(chanda)를 품은 주체를 암시한다. 마지막으로 식(識)에 대응하는 빨리어 단어인 'viññāṇa'는 제육식(第六識)인 'mano-viññāna'를 가리킨다. 특기할 만한 점은 심과 의가 수행(bhavana)의 대상임에 반해, 식이 수행의 대상으로 취급되는 경우는 찾을 수 없다는 점이다.

『구사론』에서는 심·의·식이 제육식의 다른 이름이며, 심에 대응하는 빨리어 단어인 'citta'를 동사 'ci(모으다, 쌓다, 순서대로 정리하다)'에서 파생된 것으로 설명한다. 축적된 사유의 내용을 심으로 본 것이다. 여기서 식은 '분별식(分別識)' '요별식(了別識)'이라고도 불리는 제육식이다. 의는 제칠식인데, 이를 '자아의식'이라고 하기도 한다. 아뢰야식(ālaya-vijñāna)은 제팔식이다. 여기 '아뢰야'로 음사된 'ālaya'는 '둥지' '보금자리' '욕망' '집착'을 의미하며, 아뢰야식은 과거의 모든 의식이 다 저장된 창고라는 뜻에서 '장식(藏識)'이라 불린다. 그리고 제팔식은 다만 앞 단계의 식을 통로로 모든 식을 무차별적으로 받아 저장하며, 의식 작용에 완전히 중립적이며 분별, 판단에 전혀 관여하지 않는다고 한다.

최상의 설명은 부처님 말씀을 직접 듣는 것이다. 여러 곁가지 이론과 설명 모두를 능가하고 잠재우는 것은, 말할 것도 없이 일차 자료를 직접 보는 일이다. 오온에 관한 설명으로 수없이 많은 경전이 있지만, 그 가운데서도 비교적 일목요연하게 짚어볼 수 있는 경전으로 상응부에 있는 『보름날 밤 경』이라는 경전을 선택하였다. 이 경전을 통해 앞에 언급한 '온'이 어떻게 쓰이고, 묘사되는지 알게 될 것이다.

경전 읽기

【보름날 밤 경】

〔SN. III. p. 100. *Puṇṇamā-sutta*〕

이와 같이 나는 들었다. 언젠가 세존께서 성스러운 비구 대중과 함께 사위성 동쪽에 있는 위사카(Visākā) 부인의 강당에 머물고 계실 때였다.

세존께서는 보름 포살(uposatha) 날 밤에 비구 대중에 둘러싸여 노천에 앉아 계셨다. 그때 한 비구가 자리에서 일어나 한쪽 어깨를 드러내고 합장한 채 이렇게 말했다.

"세존이시여, 제게 질문을 허락하시면 몇 가지 묻고자 합니다."

"비구여, 그대로 앉은 자리에서 묻도록 하라."

이에 그 비구는 "예, 그렇게 하겠습니다, 세존이시여!"라고 답하고 세존께 여쭈었다.

"세존이시여, 오취온(五取蘊 pañca-upādāna-khandhā)은 집착

해 마지않는 다섯 가지 덩어리, 즉 색취온(色取蘊, rūpa-upādāna-khandha) · 수취온(受取蘊, vedanā-upādāna-khandha) · 상취온(想取蘊, saññā-upādāna-khandha) · 행취온(行取蘊, saṅkhāra-upādāna-khandha) · 식취온(識取蘊, viññāṇa-upādāna-khandha)을 이르는 것입니까?"

"그렇다, 비구여, 집착해 마지않는 다섯 가지 덩어리는 색온·수온·상온·행온·식온을 말한다."

"감사합니다, 세존이시여!" 세존의 말씀에 기쁜 마음으로 감사하고 이어 물었다.

"세존이시여, 집착을 일으키는 이 오취온은 무엇을 바탕으로 일어납니까(kiṃ mūlakā)?"

"비구여, 이 오취온은 욕구(欲求, chanda, 충동, 의지)를 근거로 한다."

"감사합니다, 세존이시여!" 세존의 말씀에 기쁜 마음으로 감사하고 이어 물었다.

"그렇다면, 세존이시여, 집착이 곧 오취온입니까, 아니면 집착과 집착의 대상인 오취온은 다른 것입니까?"

"비구여, 집착과 오취온은 같은 것도 아니고, 집착과 오취온이 서로 다른 것도 아니다. 탐욕(chandarāgo)이 있는 곳에 집착이 있다[na kho, bhikkhu, taññeva upādānaṃ te pañc-upādāna-khandhā nāpi aññatra pañcahi upādāna-khandhehi upādānaṃ, api ca yo tattha chandarāgo taṃ tattha upādānaṃ]."

"감사합니다, 세존이시여!" 세존의 말씀에 기쁜 마음으로 감사하고 이어 물었다.

"그렇다면, 세존이시여, 오취온에 대한 탐욕은 각각 다른 것입니까?"

"그렇다, 비구여! 누군가 이런 생각을 할 수 있다. '미래에 이런 몸을 가졌으면(evaṃ-rūpo), 미래에 이런 느낌이 있었으면(evaṃ-vedano), 이런 지각(知覺)이 있었으면(evaṃ-sañño), 이런 행온(심리현상들)이 있었으면(evaṃ-saṅkhāro), 이런 식온(evaṃ-viññāṇo)이 있었으면' 하고. 비구여, 이렇게 오취온에 대한 갖가지 탐욕이 일어날 수 있다."

"감사합니다, 세존이시여!" 세존의 말씀에 기쁜 마음으로 감사하고 이어 물었다.

"세존이시여, 어떤 연유로 덩어리들에 대해 '온(蘊)'이라는 용어(khandha-adhivacanaṃ)를 쓰게 된 것입니까?"

"비구여, 그것이 어떤 색(色, rūpa)이건—그것이 과거, 현재, 미래 어디에 속하거나, 안에 있거나 밖에 있거나, 거칠거나 미세하거나, 조잡하거나 훌륭하거나, 멀거나 가깝거나—[지·수·화·풍

사대로 이루어진 것들은] 모두 색온(rūpa-khandha)이라 한다. 그것이 어떤 느낌이건 모두 수온(vedanā-khandha)이라 한다. 그것이 어떤 인식이건 모두 상온(saññā-khandha)이라 한다. 그것이 어떤 심리현상이건 모두 행온(saṅkhārā-khandha)이라 한다. 그것이 어떤 의식이건—그것이 과거, 현재, 미래 어디에 속하거나, 안에 있거나 밖에 있거나, 거칠거나 미세하거나, 조잡하거나 훌륭하거나, 멀거나 가깝거나—모두 식온(viññāṇa-khandha)이라 한다.

비구여, 이렇게 덩어리에 대해 온(khandha)이라는 용어를 쓴다."

"감사합니다, 세존이시여!" 세존의 말씀에 기쁜 마음으로 감사하고 이어 물었다.

"세존이시여, 색온은 무엇을 원인(hetu)으로, 무엇을 조건(paccaya)으로 알려집니까(paññāpana)?

수온은 무엇을 원인으로, 무엇을 조건으로 알게 됩니까?

상온은 무엇을 원인으로, 무엇을 조건으로 알게 됩니까?

행온은 무엇을 원인으로, 무엇을 조건으로 알게 됩니까?

식온은 무엇을 원인으로, 무엇을 조건으로 알게 됩니까?"

"비구여, 사대(四大, cattāro mahābhūtā)를 원인으로, 사대를 조건으로 하여 색온이 드러난다.

감각접촉(phassa)을 원인으로, 감각접촉을 조건으로 하여 수온이 드러난다.

감각접촉을 원인으로, 감각접촉을 조건으로 하여 상온이 드러난다.

감각접촉을 원인으로, 감각접촉을 조건으로 하여 행온이 드러난다.

명(名, nāma)·색(色, rūpa)을 원인으로, 명·색을 조건으로 하여 식온이 드러난다."

"감사합니다, 세존이시여!" 세존의 말씀에 기쁜 마음으로 감사하고 이어 물었다.

"세존이시여, 불변의 자아에 대한 견해(sakkāya-diṭṭhi)는 어떻게 일어납니까?"

"비구여, 성자들을 친견하거나 그분들의 가르침을 배우고 익힌 적이 없는 무지한 범부들은 〔사대의 조합에 불과한〕 색온을 자아라고 보고(rūpaṃ attato), 색온이 자아의 소유라거나(rūpavantaṃ attānaṃ), 자아 속에 색온이 있다거나(attani rūpaṃ), 색온 가운데 자아가 있다(rūpasmiṃ attānaṃ)고 한다. 수·상·행·식을 각각 자아로 보고, 식온이 자아의 소유라거나, 자아 속에 식온이 있다거나, 식온 가운데 자아가 있다고 한다.

비구여, 이런 식으로 불변의 자아에 대한 견해를 갖게 된다."

"감사합니다, 세존이시여!" 세존의 말씀에 기쁜 마음으로 감사하고 이어 물었다.

"그렇다면, 세존이시여, 어떻게 해서 불변의 자아에 대한 견해를 지울 수 있습니까?"

"비구여, 성자들을 친견하고, 그분들의 가르침을 배우고 익힌 성스러운 제자는 색온을 자아라고 보지 않고, 색온이 자아의 소유라거나, 자아 속에 색온이 있다거나, 색온 가운데 자아가 있다고 하지 않는다. 수·상·행·식을 따로 떼어 자아로 보지 않으며, 그 가운데 어떤 것이 자아의 소유라거나, 자아 속에 식온이 있다거나, 식온 가운데 자아가 있다고 보지 않는다.

비구여, 이렇게 하여 그에게 불변의 자아에 대한 견해는 없다."

"감사합니다, 세존이시여!" 세존의 말씀에 기쁜 마음으로 감사하고 이어 물었다.

"그렇다면, 세존이시여, 색온의 달콤함(滿足感, assāda)은 무엇이며, 위난(ādīnava)은 무엇이며, 탈출(nissaraṇa)은 무엇입니까? 수·상·행·식의 달콤함, 위난, 탈출은 무엇입니까?"

"비구여, 색온을 조건으로(paṭicca) 일어나는 즐거움(sukhaṃ somanassaṃ)이 물질의 달콤함이다. 이 색온은 본디 무상(無常, anicca)하고, 고(苦, dukkha)이며, 변하기 마련인 것(vipariṇāma-dhamma)이니, 이것이 곧 색온의 위난이다. 물질에 대한 탐욕을 조복(調伏)하고(vinaya) 탐욕을 버리는(pahāna) 것이 색온으로부터 탈출하는 것이다.

수·상·행·식을 조건으로 일어나는 정신적 육체적 즐거움이 수·상·행·식의 달콤함이다. 이들은 모두 본디 무상하고, 고이며, 변하기 마련이니, 이것이 곧 수·상·행·식의 위난이다. 이들에 대한 탐욕을 조복하고, 탐욕을 버리는 것이 거기서 벗어나는 길이다."

"감사합니다, 세존이시여!" 세존의 말씀에 기쁜 마음으로 감사하고 이어 물었다.

"그렇다면, 세존이시여, 어떻게 알고 어떻게 보아야 '식을 가진 이 몸(imasmiṃ saviññāṇake kāye)'과 외부의 모든 현상들 속에서(sabbanimittesu) '나'라는 생각(ahaṅkāra)과 '내 것'이라는 생각(mamaṅkāra), 아만심(māna) 등이 일어나지 않겠습니까?"

"비구여, 그것이 어떤 색온이건, 그것이 과거, 현재, 미래 어디에 속하거나, 안에 있거나 밖에 있거나, 거칠거나 미세하거나, 조잡하거나 훌륭하거나, 멀거나 가깝거나 '이는 내 것이 아니요, 이는 내가 아니며, 이는 나의 자아가 아니다'라고 온전한 지혜로 꿰뚫어 보아야 한다(如實智見, yathābhūtaṃ sammappaññāya passati).

모든 수·상·행·식이, 그것이 과거, 현재, 미래 어디에 속하거나, 안에 있거나 밖에 있거나, 거칠거나 미세하거나, 조잡하거나 훌륭하거나, 멀거나 가깝거나 '이는 내 것이 아니요, 이는 내가 아니며, 이는 나의 자아가 아니다'라고 온전한 지혜로 꿰뚫어 보아야 한다.

비구여, 이렇게 알고, 이렇게 봄으로써 '식을 가진 이 몸'과 외부의 모든 현상들 속에서 '나'라는 생각과 '내 것'이라는 생각, 아만심 등이 일어나지 않게 된다."

그때, 한 비구에게 이런 생각이 일어났다. '색·수·상·행·식은 자아가 아니라고 했다. 그렇다면 자아가 없이 지은 업들이 어떤 자아와 접촉하는가〔anattakatāni kammāni kathamattānaṃ phusissanti〕?'

이에 세존께서 그 비구의 마음을 아시고 비구들을 불러서 말씀하셨다.

"비구들이여, 속이 텅 빈 어떤 자가 아는 것도 없이 갈애에 절어 스승의 가르침을 능가하리라는 망상으로 '색·수·상·행·식은 자아가 아니라 했다. 그렇다면 자아가 없이 지은 업들이 어떤 자아와 접촉하는가?'라는 생각을 일으킬 수도 있다.

비구들이여, 나는 이런 문제에 대해 그때그때 다음과 같은 답으로 그대들을 가르쳤다."

"비구들이여, 이를 어떻게 생각하는가? 색은 영원(nicca)한가,

무상(anicca)한가?"

"무상합니다, 세존이시여."

"그러면 무상한 것은 고(苦, dukkha)인가, 낙(樂, sukha)인가?"

"고입니다, 세존이시여."

"그러면 무상하고 고이며, 변하기 마련인 것을 두고 '이것은 내 것이다, 이것이 나다, 이것이 나의 자아다'라고 생각하는 것이 타당한가?"

"그렇지 않습니다, 세존이시여."

"비구들이여, 이를 어떻게 생각하는가? 수·상·행·식은 영원한가, 무상한가?"

"무상합니다, 세존이시여."

"그러면 무상한 것은 고인가, 낙인가?"

"고입니다, 세존이시여."

"그러면 무상하고 고이며, 변하기 마련인 것을 두고 '이것은 내 것이다, 이것이 나다, 이것이 나의 자아다'라고 생각하는 것이 타당한가?"

"그렇지 않습니다, 세존이시여."

"따라서, 비구들이여, 그것이 과거, 현재, 미래 어디에 속하거나, 안에 있거나 밖에 있거나, 거칠거나 미세하거나, 조잡하거나 훌륭하거나, 멀거나 가깝거나 '이는 내 것이 아니요, 이는 내가 아니며, 이는 나의 자아가 아니다'라고 온전한 지혜로 꿰뚫어 보아야 한다.

모든 수·상·행·식이, 그것이 과거, 현재, 미래 어디에 속하거나, 안에 있거나 밖에 있거나, 거칠거나 미세하거나, 조잡하거나 훌륭하거나, 멀거나 가깝거나 '이는 내 것이 아니요, 이는 내가 아니며, 이는 나의 자아가 아니다'라고 온전한 지혜로 꿰뚫어 보아야 한다."

"비구들이여, 이렇게 보는 잘 배운 성스러운 제자는 색(色)에 덧정이 없으며, 수·상·행·식에 연연치 않는다(nibbindati). 색·수·상·행·식에 대한 탐욕이 다하고(virajjati), 오온에 자유롭다(vimuccati). 자유를 성취하였으므로 해탈했다는 지혜가 있다. '생은 다했다. 청정범행은 성취되었다. 할일을 다 해 마쳤다. 다시는 어떤 존재로도 돌아오지 않을 것이다'라고 꿰뚫어 안다."

삼법인

이 삼법인(三法印, ti-lakkhaṇa)을 직역하면 '존재(法)의 세 가지(ti) 특성(lakkhaṇa)'이다. 한역(漢譯) '인(印)'은 '표지' '부호'의 뜻을 담으려 한 것으로 보인다. 그 내용은 모든 '존재의 공통된 특성'이 '무상(無常)' '고(苦)' '무아(無我)'라는 것이다.

무상

다양한 조건에 의해 형성된 주변의 사물들은 끊임없이 변하고, 우리네 살림도 역시 그렇게 바뀐다. 무상(無常, anicca)이란 비상(非常), 즉 이 세상에 있는 것들, 모든 사물과 현상은 늘(常) 똑같지 않다는 말이다.

우리 몸은 변한다. 목욕하고 개운하던 몸이 이내 피부의 기름과 땀에 먼지가 쌓여 다시 더러워진다. 들이쉰 산소는 이산화탄소로 바뀌고, 우리가 마시는 물은 땀과 소변으로, 먹은 음식은 대변으로 변하여 배설된다. 어떤 날은 몸에 기운이 넘치더니 어떤 날은 가라앉는다. 나도 모르는 사이에 내 몸의 세포는 항상 교체되고 있다. 머리털과 손톱은 계속 자라고, 피부는 닳아 벗겨지며 체중 또한 늘 변한다. 몸은 이렇게 점차 늙어가고 죽음에 이르기 마련이다.

마음은 어떤가? 무언가로 기뻤다가, 이내 침울해지고, 배고픔, 포만감, 갈증, 느긋한 기분이 일어났다 스러진다. 마주치는 감각 대상에 따라 쾌, 불쾌, 이도 저도 아닌 느낌이 일었다가 스러진다. 사람은 본능적으로 이렇게 일어나고 소멸하는 느낌 가운데 달가운 것에 매달리고, 달갑지 않은 것을 회피한다. 우리들의 마음 상태는 즐거웠다가 화를 내기도 하고, 행복했다가 슬퍼지고, 지루해하고, 걱정하고, 욕심부리고, 심술이 났다가 이내 마음을 돌이키는 등 쉼없이 변한다. 나이가 들면서 관심사도 달라지고, 사물과 현상에 대한 인식이나 견해, 호감도 바뀐다.

인간이 만든 모든 구조물, 건물, 다리, 도로, 자동차 등은 색이 바래고 산성비에 깎이고 마모되어 언젠가 작동을 멈출 것이다. 꽃은 피었다 시들고, 열매는 익어 나무에서 떨어져 부패한다. 나무는 끊임없이 껍질을 벗고 푸른 잎은 색깔이 바뀌고 이내 떨어진다. 그 속에서 수많은 생명체가 생겼다가 죽고 다음 세대 자손으로 대체되며, 어떤 것들은 멸종되기도 한다.

오늘밤에 보게 될 어느 별이 실은 먼 옛날 다 타버리고 지금은 영영 사라진 유령별일 수도 있다. 저 하늘은 시시각각 변한다. 맑은 날, 흐린 날, 비 오는 날 하늘은 다르고, 해, 달, 구름, 별의 위치도 모두 다르다. 이 세상 모든 사물과 현상 가운데 변치 않는 것, 영원한 것은 없다. 앞산과 들은 눈에 띄지 않게 자라기도 하고 어디선가는 가라앉고 있다. 지금 저기 흐르는 강물은 조금 전 그 강물이 아니며, 가뭄에 줄었다가 장마에 불어나고, 넓어졌다 좁아졌다 한다, 세월이 가면서 굽었다가 다시 펴지기도 한다. 바다에 이른 강물은 구름이 되었다가 저 골에 다시 내리고 그 물은 또 깊은 지하수로 흐를 것이다.

지금까지 이야기한 무상은 거의 부정적인 방향으로의 변화만 나열한 것 같다. 그러나 멀쩡했던 사람이 몹쓸 놈이 되기도 하지만, 개천에서 용이 나는 것도, 쥐구멍에 볕이 드는 것도, 악동이 개과천선하는 일도 무상해서 생기는 일이다. 애당초 변화의 가능성이 없었다면 이 땅에 생명체가 발생하는 일도 없었을 것이고, 인류의 출현이나 어떤 식의 변화도 있을 수 없다. 무상하기 때문에 엉뚱한 소년이 깨달음이라는 소리에 귀가 솔깃해서 가출할 수도 있었던 것이다. 개인, 사회, 국가의 역사란 기실 무상한 사물들이 변화한 자취다.

고

고(苦)에 해당하는 빨리어 'dukkha'라는 단어는 대개 '고통' '불만족' '고통' '슬픔'으로 번역된다. 이는 사소한 불편함부터 견딜 수 없는 고통까지 모든 달갑지 않은 상태를 포괄한다. 괴로움은 육체적인 것일 수도 있고 정신적인 것일 수도 있고 또는 둘의 조합일 수도 있다.

한 아기가 태어나 성장하고 생명을 유지하는 모든 과정은 고비마다 어렵고 위험한 상태의 연속이다. 뭇사람들의 축복 속에 건강하게 태어난다 해도 수없이 많은 질병에 노출된다. 집밖에 나가면 도처에 내걸린 내과, 외과, 산부인과, 소아과, 이비인후과, 안과, 치과 간판이 눈에 들어온다. 크고 작은 의원에서부터 엄청나게 큰 대형 종합병원의 대합실을 떠올려보시라. 당장 병마에 시달리는 환자 본인뿐만 아니라 이들과 함께 많은 사람이 정신적 고통을 겪는다.

이를 피해보겠다고 온갖 처방이 난무하고, 효과가 있는지 없는지 알 수 없지만 자연산, 유기농 등으로 치장한 갖가지 건강식품 선전 광고가 넘쳐난다. 단 몇 주 복용으로 당뇨, 혈압 문제를 해결해준다는 신통한 식물의 줄기, 뿌리, 열매, 껍질 등등. 누구나 다 쓰는 식수 필터, 공기청정기, 마사지 의자, 러닝머신, 이 집 저 집 다 가지고 있는 혈압, 혈당, 맥박, 콜레스테롤 수치 등을 측정하는 장비들…… 이 모든 것이 다 병에 대한 고통과 두려움의 증거물이다.

그러나 제아무리 공을 들여 보약을 달이고, 눈밑 지방을 제거하고, 피하에 무언가를 집어넣어본들 등골 휘어 힘살은 빠지고, 치아, 손발톱, 머리칼도 빛을 잃어간다. 안경 도수를 조정해도 눈앞은 자꾸만 흐릿해지고, 소리, 냄새, 맛에 대한 감도 달라진다. 이따금 특정 단어가 얼른 떠오르지 않거나 어떤 사람의 이름이 도깨비불처럼 멀리서 깜박거릴 때가 있는가 하면 별것도 아닌 일에 역정을 내기도 한다.

이렇게 몸도 마음도 늙어가고 전화기 연락처 폴더에서 오래 묵은 번호를 지우는 일이 빈번해진다. 당연히 내 번호도 그렇게 지워질 것이다. 갈 때 갈 것이니 오지 않은 일 서둘러 예단하고 거기 빠지지 않으리라 하지만 불시에 엄습하는 죽음에 대한 상념 역시 고(苦)다.

이것들이 경전에 자주 언급되는 이른바 네 가지 괴로움(四苦)인 생(生)·로(老)·병(病)·사(死)다. 살다보면 그리도 싫고 미운 사람과 함께 섞여야 하고(怨憎會苦), 그렇게 아끼고 사랑하는 사람들과 헤어지며(愛別離苦), 작정한 일이 시작도 해보기 전에 무산되고, 다 이룬 일이 졸지에 파탄이 나는가 하면, 일이 제대로 풀리지 않는다(求不得苦). 이렇게 몸 마음으로 구성된 이 존재 자체가 고통덩어리(五陰盛苦)다.

전통적으로 고(苦, dukkha)는 세 가지 양상으로 나뉘어 설명된다. 첫번째는 위에 말한 것처럼 중생들 살림살이의 가장 일반적인 특성으로 불완전성, 불만족성을 일컫는 고고(苦苦, dukkha-dukkha)다. 세상은 온통 달갑지 않은 것들투성이다. 두번째는 괴고(壞苦, vipariṇāma-dukkha)로 존재의 무상성을 말한다. 어쩌다 맘에 쏙 드는 것을 발견한다 해도 머지않아 시들해지기 마련이다. 세번째는 행고(行苦, saṅkhāra-dukkha)다. 성에 차지 않고, 영원하지 못한 까닭은 모든 존재가 여러 요소와 조건의 합성물이기 때문이다.

더러는 이것이 고(苦)를 세 종류로 분류한 것이라고 하는데, 사실은 세 종류의 고가 있는 것이 아니라 우리가 경험하는 모든 존재, 즉 조건에 의해 형성된 모든 존재는 이 세 가지 특성을 다 가지고 있다고 해야 옳다. 우리가 일상에서 경험하는 행복감은 물론 수행 과정에 일어난 선정 삼매조차 큰 틀의 고에 포함된다. 그 모두 다양한 조건의 결과이며, 완전무결하지 않고 영원한 것이 아니기 때문이다. 이렇게 보면 고는 무상(無常)과 무아(無我)의 의미 모두를 아우르는 아주 포괄적인 개념임을 알 수 있다. 이 말은 곧 불교 교리 체계 전체가 이 '고' 문제를 천착하고 있다는 뜻이기도 하다. 따라서 여기서 놓쳐서는 안 될 것이 모든 고의 발생 원인은 고 자체에 있지 밖에서 오는 게 아니라는 점이다. 마찬가지로 고의 소멸과 그 소멸의 조건 또한 고 자체에 있다. 이것이 바로 초기 경전에 자주 언급되는 "발생한 현상은 모두 소멸하게 되어 있다〔yaṃ kiñci samudayadhammaṃ, sabbaṃ taṃ nirodhadhammaṃ〕"는 구절이 의미하는 바다.

무아

누구라도 어렵고 복잡한 것을 좋아할 리는 없다. 그럼에도 단순하고 명료한 부처님의 말씀은 무언가 심오하리라 믿어서 보통 사람의 상식으로 받아들여서는 안 될 것으로 여기는 경우가 참 많다. 우리가 늘 접하면서 가장 심각하게 여기는 것 가운데 한 예로 '자아(自我)'라는 단어를 들 수 있다. 우선 이에 상응하는 빨리어 단어 'attan'에 대해 살펴보자.

우리말 체언에 격을 나타내는 어미가 있는 것처럼 산스크리트어나 빨리어 등의 인도어도 격(格) 변화를 한다. 어간 'attan'은 '자기 자신'을 뜻하는 단어의 바탕인데, 문장 속에서 쓰이기 위해서는 그때그때 쓰임새에 따라 거기에 맞는 어미가 붙는다. 즉, 주격으로 '나 자신은' '나 스스로가'라고 하려면 'attā'가 되고, 직접 목적격 '자기 자신을'은 'attānaṃ'으로 바뀐다.

이 'attan'이라는 단어가 경전과 주석서에 쓰이는 것은 첫째, '자기 자신' '자기 것'을 가리키는 경우다. 둘째는 '개성' '인격' 등을 의미하는 경우이고, 세번째가 바로 그 말도 많은 '자아' 혹은 '영혼' 등 형이상학적 실체를 가리키거나 그렇게 해석될 가능성이 있는 경우다. 경전은 대개 출가 수행자의 일상에서 일어나는 여러 문제에 관한 제자들의 질문에 대한 고따마 붓다의 답으로 구성되어 있다. 붓다께서는 대부분의 설명에 평상어(vohāra-vacana)를 사용하셨지만 당신 특유의 통찰과 깨달음을 설명하기 위해서는 같은 단어에 특수한 의미를 부여한 전문용어(technical term)를 쓰셨다. 훗날 주석서에서는 이런 방식으로 표현된 진술을 진제(眞諦, paramattha-sacca)라고 불렀다.

그런데, 흥미로운 것은 아주 평이한 문장에 명료한 논리 전개를 굳이 복잡하고 어렵게 비틀고, 애써 사변적 논의로 끌어들이려는 사람들이 있다는 것이다. 이런 경향은 불교 진지을 다루는 힌두교 배경의 인도 학자들과 서구의 기독교도 학자들에게서

흔히 나타난다. 특히 그들은 위 'ātman'이라는 단어에 과민반응을 보인다.

마음먹고 천지 사방 다 뒤져도
나 자신보다 더 중한 것 찾을 수 없네
그대에게 소중하듯 남들 또한 그러리니
제 자신 중하거든 남 해하지 말게!
sabbā disā anuparigamma cetasā,
nevajjhagā piyataramattanā kvaci;
evaṃ piyo puthu attā paresaṃ,
tasmā na hiṃse paramattakāmo.

〔SN. I. p. 75. *Mallikā-sutta*〕

이 게송은 부처님께서 코살라(Kosala)국의 파세나디(Pasenadi)왕에게 '세상 사람 누구나 가장 소중한 것은 자기 자신'이라는 자명한 진리를 말씀하신 것이다. 이 짧은 게송에 여러 차례 쓰인 단어 'attā'를 영혼이나 참나로 읽는 것은 공연한 헛발질일 뿐이다.

또다른 예문 하나를 보자.

그러니, 아난다, 이제 그대 자신을 섬(島, dīpā)으로 삼고, 그대

자신을 피난처로, 법을 섬으로, 법을 의지처로 삼으라. 다른 어떤 것에도 기대지 말라!

tasmāt iha Ānanda, attadīpā viharatha attasaraṇā anañña-saraṇā, dhammadīpā dhammasaraṇā anaññasaraṇā.

〔DN. II. p. 100. *Mahāparinibbāna-sutta*〕

다가오는 스승의 임종에 슬퍼하는 아난다에게 부처님께서 말씀하셨다. "그만 눈물을 거두게, 아난다! 더이상 애통해하지 말게. 내 거듭 말하지 않았던가? '가깝고 소중한 것은 끝내 헤어지고 부서질 수밖에 없는 것'이라고. 인연에 따라 발생하여, 결국 소멸하게 되어 있는 것들이 어찌 영원할 수 있겠는가? 그런 일은 있을 수 없다네." 부처님께서 당신이 가신 뒤에 이제 의지할 스승이 없다고 애통해하지 말고 "그대 자신(atta)을 고해(苦海)의 거친 파도에서 안전한 섬(dīpā)으로 삼으라!"고 타이르신 대목이다. 바깥의 그 누구도 아닌 자기 자신을 의지처로 삼으라는 충고다. 따라서 저 'atta'를 굳이 대문자를 써서 'Self'라고 할 일도 없거니와, '자아' '진아(眞我)' 혹은 '참나'라고 번역할 필요도 없다. 여기 'dīpā'라는 단어에 '등불'이라는 뜻도 있어서 한역 경전에 '자등명(自燈明), 법등명(法燈明)'이라고 쓰기도 했으나, 이 문맥에서는 '기댈 곳' '의지할 곳'이 주안점이며, 혹시라도 영원한 '자아'의 어감을 풍기지 않게 하기 위해서라도 '등불'이라는 역어는 피하는 것이 바람직하다. 귀의의 대상으로 '섬'보다는 '등불'이 더 영적(spiritual)이라고 주장하기도 한다. 그러나 영적 혹은 정신적이라는 말 또한 허망하기는 마찬가지다.

이 '무아(無我, anattā)'라는 용어는 많은 오해를 불러왔다. 내가 없다니? 이런 호랭이 물어 갈, 여기 이렇게 멀쩡하게 살아 움직이는 내가 없다는 게 도대체 무슨 뚱딴지같은 소리야?

사실 이 문제는 히말라야 저쪽 세상에서 아주 오랫동안 골머리를 싸매고 논쟁을 벌여온 주제였다. 고따마 붓다가 활동하던 시기의 인도 사상계는 아뜨만(ātman, 自我)과 브라흐만(Brahman, 宇宙我)에 대한 논의가 아주 활발하게 이루어진 때였다. 아뜨만은 모든 『우빠니샤드』의 중요한 논제였다. 당시 인도에서는 사람의 몸속에 아뜨만이 있고 이는 사후에도 영속되며, 이 아뜨만은 세계를 만들고 주재하는 브라흐만의 일부라는 생각이 주류를 이루고 있었다. 이는 결국 우주의 혼인 브라흐만과 개인의 혼인 아뜨만 사이의 관계 설정에 관한 문제였다.

자아, 영혼 등의 뜻으로 쓰이는 'ātman'이라는 단어는 본래 '숨' '숨결'을 뜻하는 'an'에서 파생되어 '생명의 본질' '정수' '진정한 자아' 등의 뜻으로 쓰였다. 『리그 베다』에 나오는 아뜨만은 몸 마음 구석구석에 스며 충만한 정수, 본질, 혼이다.

이 아뜨만은 모든 『우빠니샤드』의 중심 주제로, 대개는 아뜨만이 '우주의 궁극적 본질'이며 동시에 나지도 죽지도 않는 '불멸의 내적 존재' '인간 생명의 숨결'임을 인정하는 식이었다. 혹자는 이 아뜨만과 우주 혼인 브라흐만이 별개(dvaita)라고 하고 다른 한편에서는 둘이 아닌 하나라고(a-dvaita) 주장하여 맞서기도 한다. 이것이 바라문교의 이원론과 비이원론의 갈등이다.

기원전 6~7세기 무렵 인도 민간에 널리 퍼져 있던 아뜨만에 관한 설 가운데 하나는 엄지손가락 한 마디 정도 크기의 아뜨만이 마음속에(아마도 심장) 머물다가 잠이나 최면 상태에 있을 때 몸에서 빠져나온다고 믿었다. 잠에서 깨어나면 이 아뜨만이 다시 몸으로 돌아와 생명이 지속되는 것이다. 죽으면 몸에서 빠져나와 그 자신의 영원한 생명을 계속해서 이어간다. 일반적인 믿음에 따르면 이 아뜨만은 영원하고 변치 않으며 감정의 영향을 받지 않는다고 한다.

고따마 붓다는 당시 유통되는 여러 설에 대해 면밀하게 검토하고 숙고했던 것으로 보인다. 그러나 긴 세월 각고의 노력과 숙고를 통해 성취한 고따마 붓다의 깨달음, 연기와 무상의 원리에 따르면 당시의 주류 사상계가 당연한 것으로 수용한 『베다』의 권위와 그에 의거한 희생 의식이 인간의 길흉화복을 좌지우지한다는 믿음은 옳지 않을 뿐만 아니라 받아들여선 안 되는 것이었다. 나아가 영원불변의 실체 아뜨만과 브라흐만의 존재 또한 연기(緣起)와 공존할 수 없었다. 불교의 핵심인 연기의 원리에 따르면 이 세상에 존재하는 모든 현상과 사물은 그럴 만한 조건 속에서 발생하고 변화한다. 또한 변화하는 현상의 배후에서 자신은 변하지 않으면서 그 변화를 주관하는 절대적이며 영원한 존재를 인정할 수 없는 것이다. 제 스스로 자기 존재의 조건이면서 동시에 결과도 되는 경우는 없다. 만약 있다면 그를 일러 절대자라 할 것이다. 그러나 불교의 연기설은 '무조건' '절대' 등을 인정하지 않는다. 불교 경전에서 부정하는 아뜨만의 속성은 상(常, 영원불변함)·일(一, 스스로 존재함)·주(主, 독립적임)·재(宰, 자기는 변하지 않으면서 배후에서 통제함)다.

불교가 부정하는 소위 '자아'는 지금 살아 생각하고 말하며 움직이는 이 '나'를 말하는 게 아니라, 위에 열거한 저런 속성을 지닌 '영구적이고 실체적이며 불변하는 자율적인 주재자'로서의 자아(ātman)를 말하는 것이다. 다시 말하면 이 세상에 존재하는 모든 것은 여러 조건의 조합으로 생겨나, 자율 지배권 없이 서로 영향을 주고받으며, 부단히 변화한다. 단 한 순간도 '그것'으로 고정되어 있지 않고 '다른 어떤 것'으로 변화하는 흐름으로 존재한다. 그래서 불교는 존재를 'being(sat)'이 아닌 'becoming(bhava)'이라 한 것이다. 자아의식이란 정신 물리적인 요소들, 즉 행온(行蘊)의 이합집산이 벌이는 약간 복잡한 현상(現象)일 뿐이다. 자아란 변화의 뒷전에서 변하지 않고 상주하는 어떤 실체가 아니라 변화 속에서 일어난 하나의 현상에 붙인 이름에 불과하다.

이렇게 아뜨만을 부정하는 불교는 끊임없이 외부의 비난과 공격을 받아왔다. 그러나 고따마 붓다에게는 '영원' '절대' 등의 개념 자체가 어불성설이었다. 또한 현실적으로도 불변의 실체론적 자아에 대한 망상이야말로 모든 악의 근원이며 이것을 내려놓고 지워버린 사람을 대자유인, '아라한'이라고 한다. 불교 수행의 목표인 해탈(解脫)이란 한마디로 그 영원불변의 '자아(自我)'라는 굴레를 깨부순 것이다. 앞서 『초전법륜경』에서 본 세번째 진리, 멸성제가 바로 이 해탈의 경지, 열반을 가리키는 것인데, 가장 단순하고 명료한 열반의 정의는 탐욕·미움·어리석음, 즉 탐(貪)·진(瞋)·치(痴) 삼독심(三毒心)에서의 자유다. 여기서 어리석음의 바탕은 곧 어떤 것이 그것 자체로 존재한다는 생각, 절대적이라는 생각, 오직 하나라는 믿음이다.

제행무상(諸行無常), 일체개고(一切皆苦), 제법무아(諸法無我)를 한 묶음으로 하여 삼법인(三法印, ti-lakkhaṇa)이라 한다. 'ti'는 셋이고, 'lakkhaṇa'는 '표지' '딱지' '특성'이라는 뜻이다. 즉, '존재의 세 가지 특성'을 말하는데, '도장(印)'이라고 한 것은 확실한 표지(標識)라는 뜻이다. 아래 경문은 『법구경』의 제277, 278, 279번 게송이다.

'제행무상(諸行無常)'이라고 지혜로 관할 때
고(苦, dukkha)에 매달리지 않느니

이 곧 청정으로 가는 길이라

sabbe saṅkhārā aniccā ti yadā paññāya passati

atha nibbindati dukkhe esa maggo visuddhiyā.

〔Dhp. 277〕

'일체개고(一切皆苦)'라고 지혜로 관할 때

고(苦, dukkha)에 덧정이 떨어지니

이 곧 청정으로 가는 길이라

sabbe saṅkhārā dukkhā ti yadā paññāya passati

atha nibbindati dukkhe esa maggo visuddhiyā.

〔Dhp. 278〕

'제법무아(諸法無我)'임을 지혜로 관할 때

고(苦, dukkha)에 연연하지 않느니

이 곧 청정으로 가는 길이라

sabbe dhammā anattā ti yadā paññāya passati

atha nibbindati dukkhe esa maggo visuddhiyā.

〔Dhp. 279〕

여기 '제행'이나 '일체'는 모두 'sabbe saṅkhārā'를 옮긴 것이다. 행(行, saṅkhārā)은 '조건에 의해 형성된 것'을 말하며 중국식 표현으로는 '유위법(有爲法)'이라고 한다. 조건(因緣)에 의해 발생한 것은 조건이 변하면 그에 따라 변해야 한다. 따라서 단 한 순간도 완성체로 머물러 고정될 수 없다. 경전에 쓰이는 고(苦, dukkha)는 위에서 말한 '행'의 의미를 포함해서 '불완전' '불만족' '변화' '아픔'의 의미를 아울러 드러내는 아주 포괄적인 용어로 우리를 옥죄는 곧 아픈 인간사의 총합이다. 여러 경전에서 붓다께서 "예나 지금이나 나는 다만 고(苦)와 고(苦)의 지멸(止滅)을 설할 뿐〔pubbe ca ahaṃ bhikkhave, etarahi ca dukkhaṃ eva paññāpemi, dukkhassa nirodhaṃ〕"이라 강조하신 것도 바로 그런 연유에서다. 위의 『법구경』 게송에서 '매달리지 않는다' '덧정이 떨어진다' '연연하지 않는다'고 쓴 것은 동사 'nibbindati'를 옮긴 것이다. 한역 경전에서는 '염리(厭離)'라 했고, 영어 표현으로는 'fed up'이다. '신물이 난다' '넌더리가 난다' 등이 딱 맞는 표현이지만 너무 강한 느낌이어서 조금 누그러뜨려 '연연하지 않는다'고 한 것이다.

'제행(諸行)'을 의미하는 앞 두 게송의 'sabbe saṅkhārā'가 마지막 게송에서는 '제법(諸法)'을 의미하는 'sabbe dhammā'로 바뀌었다. 이때 '제법'은 소위 유위법(saṅkhāta-dhamma)과 무위법(a-saṅkhāta-dhamma) 모두를 합한 것, 즉 감각적으로 경험하는 사물과 현상뿐만 아니라 시간, 공간, 열반을 포함해서 마음으로 만들어낸 온갖 것을 다 아우르는 그야말로 모든 것을 말한다. 그렇게 물질적인 것, 정신적인 것, 그 어떤 것도 저 혼자 따로 분리, 독립, 자존, 영원불변할 수 없다는 말이다. 『법구경』에 이렇게 세 개의 게송을 연이어 실은 것은 바로 무상(無常), 고(苦), 무아(無我)의 깊은 뜻을 늘 새겨 잊지 말라는 충고로 보인다.

다시 정리하면, 경전에서 말하고 있는 무아(無我)는 첫째, 이 '몸'이나 내 '마음'이라는 것이 스스로 존재하는 것이 아니며, 말이 '내 몸' '내 마음'이지 실은 내 소유도 아니고, 내가 원하는 대로 조종할 수 있는 것이 아니라는 것이다. '내 몸' '내 마음'은 쉼 없이 변화하는 영원한 미완성체다. 따라서 불만족스럽고, 끝내 성에 차지 않는다. 누구도 그것을 바꿀 수 없을 뿐 아니라, 피할 수도 없다. 오직 통째로 받아들여 껴안고 하나가 되는 수밖에 없다. 그래서, 깨달음을 '고(苦)의 수용'이라고 한 것이다. 어떤 바보가 그걸 모르느냐고? 다 아는데 실은 아무도 모르잖아? 알면 뭐하나? 아는 것과 하는 것은 완전 딴판인걸!

이 '아(我)'라는 말은 종종 문맥에 따라 '어떤 사물' 혹은 '특정 현상'이라는 뜻으로 풀어야 할 때가 있다. 사람들은 거의 모두 이 '아(我)' 자가 나올 때마다 버릇처럼 일인칭 대명사 '나'를 우선 생각한다. 그러나 이 말을 '어떤 것 자체'라고 풀어야 할 때도 있다. 이런 경우 '무아(無我)', 즉 '내가 없다'는 말은 어떤 물건 혹은 어떤 현상이 여러 조건의 합으로 형성된 것이며, 주변의 변화에 따라 변화하고 분해되어 소멸할 수밖에 없는 것이라는 말이다. 이 담에 혹시 '인무아(人無我)'라는 말이 나오거든 '사람에게 내가 없다'라고 읽지 말고 '제 스스로 존재하는 것은 없다'고 보면 앞뒤가 환해질 것이다.

두번째로 그 사물과 현상을 구성하는 여러 요소들 또한 또다른 조건들의 합성이다. 다시 그 조건의 조건은 어떤가? 이걸 거듭 반복해나가면? 혹자는 고따마 붓다께서 양자물리학의 근본을 꿰뚫어 보셨다고 말하는데, 굳이 부정할 필요는 없지만, 그런 말은 그냥 못 들은 척하시라. 아무튼, 어떤 사물을 구성하는 마지막 요소까지도 결국 다른 조건들에 의해 만들어진 것이어서 그 또한 실체가 아니다. 이것을 '법무아(法無我)'라고 한다. 실은 이 '인무아'나 '법무아'라는 용어 자체는 경전에 나오는 부처님 말씀이 아니다. 훗날 주석서나 논서에 등장하는 개념들이다. 경전의 행간을 들여다보고 조금만 생각해도 달리 해석할 수 없는 너무나 자명한 이치다.

첫 설법의 결과로 꼰단냐 존자의 법안이 열렸다고 했다. 이어서 다른 네 도반을 위한 다른 처방이 필요했다. 그렇게 해서 설해진 다음 법문을 『무아상경無我相經』이라고 한다. 경전 이름을 직역하면 '무아의 딱지' 정도가 된다. 이 경전에서 붓다께서는 나를 이루는 색·수·상·행·식 오온이 하나씩 낱낱이 분리 독립할 수 없고, 이들은 어떤 주인이 있어 손아귀에 넣고 좋을 대로 주관할 수 있는 것도 아니라고 설하신다. 아울러 존재의 세 가지 특성이라는 삼법인(三法印), 즉 무상(無常), 고(苦), 무아(無我)를 설명하고 있다.

이 경에서는 언급되지 않았지만 여러 경전에 나오고 또 가장 널리 인용되는 구절로 연기 원리를 담은 공식이 있다. 즉,

> 이것이 있어 저것이 있고, 이것이 일어나 저것이 일어난다.
> 이것이 없으면 저것이 없고, 이것이 사라지면 저것이 사라진다.
> imasmiṃ sati idaṃ hoti, imassa uppādā idaṃ uppajjati
> imasmiṃ asati idaṃ na hoti, imassa nirodh idaṃ nirujjhati.
> 〔SN. II. p. 28. *Dasabala-sutta* 등〕

연기법을 설하는 거의 모든 경전은 이 공식에 준하여 먼저 조건이 마련되어 현상이 일어나는 과정을 설명하고, 이어서 조건의 변화에 따라 소멸하는 과정을 설명하고 있다. 따라서 무아는 연기법에 따른 당연한 귀결인 것이다.

해탈 열반

알 수 없는 일이다. 사람들은 왜 그렇게 영혼, 참나, 진아(眞我) 등의 단어에 매달리는 것일까? 어떤 이는 이것을 죽음에 대한 공포의 몸짓이며 끝없이 살고자 하는 잠재된 욕망의 표현이라고도 했다. 그럴듯한 이야기다. 무상, 죽음을 다른 이름으로 고

쳐 부르거나 외면한다고 해서 피할 수 있는 것이 아니다. 아무리 외진 동굴에 숨어도 죽음은 피할 수가 없다. 피할 수 없는 것이라면 어떻게 마주할 것인가? 기꺼이 받아들여 껴안아버리는 것은 어떤가? 불교식으로 이것을 '고(苦, dukkha)의 수용'이라고 한다. 한 큰스님이 말씀하셨다. "저놈은 달갈귀신, 이놈은 몽달귀신! 그렇게 이름표를 달아주고 나면 더이상 해코지를 할 수가 없다!" 그 무시무시한 죽음도 실은 시간의 흐름 속에 일어난 여러 사건 가운데 하나다. 무상의 논리에 의하면 죽음은 종점이 아니라 길고 긴 흐름의 한 전환점에 불과하다고 한다.

부처님의 가르침에 따르면 그 긴 흐름, 즉 반복되는 두려움, 죽음의 진정한 끝이 해탈(解脫, mokkha), 열반(涅槃, nibbāna)이라고 한다. 해탈, 열반을 윤회의 끝이라고 하는데, 이는 태어나지 않으니 죽을 일도 없다는 말이다. 가장 단순하고 명료한 열반의 정의는 탐(貪)·진(瞋)·치(痴), 즉 탐욕(貪, rāga)과 미워하는 마음(瞋, dosa)과 어리석음(痴, moha)을 완전히 극복한 상태다. 사람들은 자기들 경험 밖의 일들에 신비주의의 베일을 씌우거나 초월이라는 말로 얼버무리려 한다. 그러나 고따마 붓다께서는 이 열반이 초월적인 것이 아니며, 바로 이생에 당신의 가르침, 팔정도를 통하여 성취하고 누릴 수 있음을 몸소 보여주신 것이다.

붓다께서는 이것에 관해 중부 니까야의 한 경에서 아주 상세하게 술회하셨다. 청년 싯다르타는 줄곧 스스로에게 물을 수밖에 없었다. 왜 사람들은 스스로 생(生, jāti)·로(老, jarā)·병(病, byādhi)·사(死, maraṇa)와 근심(soka), 번뇌(saṃkilesa)의 위험을 알면서도 생·로·병·사로부터 벗어날 길을 모색하지 않는가? 생·로·병·사와 근심, 번뇌에서 자유로운 세계는 없을까? 오랜 숙고 끝에 그는 아끼고 사랑하는 사람들, 친지, 부족, 소유물 등과 헤어질 결심을 굳혔다. "내 머리 아직 숯처럼 검게 빛나던 시절, 얼굴이 온통 눈물범벅이 되어 차마 손을 놓지 못하는 부모님을 뒤로하고 집을 나서 무숙자가 되었다. 수염과 머리를 잘라버리고 황색 가사를 걸치고, 적정(寂靜)을 성취할 최선의 길을 찾아〔kusalagavesī anuttaraṃ santivarapadaṃ pariyesamāno〕 출가한 것이다."〔MN. I. p. 163. 제26경 *Ariyapariyesanā-sutta*〕 그후 6년간의 혹독한 수행을 통하여 그분께서 이루고 가르치신 내용이 바로 해탈, 열반으로 가는 길, 사성제, 팔정도다.

열반(涅槃)은 산스크리트어 'nirvāṇa'를 비슷한 소리로 적은 '열례반나(涅隸槃那)'의 줄임말이다. 아마 저런 번역이 이루어진 시대, 그 지역 발음 체계로 읽으면 '니르-와나' 비슷하게 들릴 것이다. 이는 'nir'와 'vā' 두 단어의 합이다. 앞에 'nir'는 '무(無)' '불(不)'을 뜻하는 접두사다. 동사 어근 √vā는 '불다(to blow)'를 뜻하고, 명사 'vana'는 '숲' '연료' '바람'이라는 뜻도 있다. 타오르는 불을 끄기 위해서 해야 할 일은 먼저 더이상 땔감을 넣지 않고, 부채질을 멈추는 일이다. 아직 연료가 남아 있다면 산소 공급을 막아야 할 것이다. 즉, 부채질을 멈추거나, 무언가로 덮어 버릴 수 있다. 그래서 옛 주석가들은 열반의 어원 설명에 '덮다(to cover)'를 뜻하는 동사 √vṛ를 끌어들이기도 했다. 그러나 이 경우 접두사 'nir'가 걸림돌이다. 또는 한역 '취멸(吹滅)' 혹은 '취소(吹消)'를 '불어서 끈다'라고 해석하는 것도 마찬가지다. 이것은 '부는 것을 멈춘다'라고 풀어야 앞뒤가 맞게 된다. 경전 여기저기에 '오온이 탄다' 혹은 '육근이 탄다'는 말이 나오는데 이는 곧 중생들의 살림살이를 이르는 말로, 시작을 알 수 없는 과거로부터 이글이글 타고 있는 이 탐욕의 불에 시기, 질투, 미움, 그리고 미혹의 기름을 퍼부어 불길은 더욱 사나워진다는 것이다. 만약 그것이 가능하다면, 즉 탐욕과 미움과 미혹이라는 이름의 연료 공급을 멈추고 거기다 산소도 차단할 수 있다면, 아아! 고따마 붓다께서는 그 지경을 열반이라 하신 것이다. 태국 말로 '시원한'을 뜻하는 형용사 '니빠안'은 바로 빨리어 'nibbāna'의 태국식 발음이다. 경험하지 못했지만, '시원하고 서늘'하겠지!

경 전 읽 기

【무아상경無我相經】

〔SN. III. pp. 66-68. *Anattalakkhaṇa-sutta*〕

세존께서 바라나시의 녹야원에 머무셨다.

세존께서 다섯 비구를 부르셨다. "비구들이여!"

비구들이 대답했다. "바단떼(Bhadante)!"

세존께서 말씀하셨다.

"비구들이여, 몸(形色, rūpa)은 자아가 아니다(無我, 非我, anattā). 만약 이 몸이 자아라면 병이 들 리가 없고, 이 몸에 대하여 '이렇게 되라 혹은 이렇게 되지 말라'고 할 수 있을 것이다.

그러나 비구들이여, 몸이 자아가 아니므로 병이 들 수도 있고, '이렇게 되라 혹은 이렇게 되지 말라'고 할 수 없는 것이다.

비구들이여, 수(受, vedanā)는, 상(想, saññā)은, 행(行, saṅkhārā)은, 식(識, viññāṇa)은 자아가 아니다. 만약 이 수가 자아라면 병이 들 리가 없고, 이들에 대하여 '이렇게 되라 혹은 이렇게 되지 말라'고 할 수 있을 것이다.

비구들이여, 수·상·행·식은 자아가 아니므로 병이 들 수도 있고, '이렇게 되라 혹은 이렇게 되지 말라'고 할 수 없는 것이다."

"비구들이여, 어떻게 생각하는가? 몸(形色, rūpa)은 영원한가, 무상한가?"

"세존이시여, 무상합니다."

"무상한 것은 고(苦, dukkha)인가, 락(樂, sukkha)인가?"

"세존이시여, 고입니다."

"무상하고, 괴롭고, 변화하게 되어 있는 것[āniccaṃ dukkhaṃ vipariṇāmadhammaṃ]을 '이것이 내 것이고, 이것이 나이며, 이것은 나의 자아다'라고 하는 것은 옳은 것인가?"

"세존이시여, 그렇지 않습니다."

"비구들이여, 어떻게 생각하는가? 수·상·행·식은 영원한가, 무상한가?"

"세존이시여, 무상합니다."

"무상한 것은 고인가, 락인가?"

"세존이시여, 고입니다."

"무상하고 괴롭고 변화하는 법을 '이것이 내 것이고, 이것이 나이며, 이것은 나의 자아다'라고 하는 것은 옳은 것인가?"

"세존이시여, 그렇지 않습니다."

"그러므로 비구들이여, 이들 색(色)·수(受)·상(想)·행(行)·식(識) 오취온이 과거, 현재, 미래 어디에 속하거나, 안에 있거나 밖에 있거나, 거칠거나 미세하거나, 조잡하거나 훌륭하거나, 멀거나 가깝거나 그 모든 색(色)이 '나의 것이 아니고, 내가 아니며, 나의 자아가 아님'을 바른 지혜(正智)로 여실하게 관해야 한다[evametaṃ yathābhūtaṃ sammappaññāya daṭṭhabbaṃ]."

"비구들이여, 이와 같이 보고 잘 배운 고귀한 제자는 색(色)

에 초연하며, 수(受)에 초연하며, 상(想)에 초연하며, 행(行)에 초연하며, 식(識)에 초연하며, 초연한 고로 탐착을 끊고, 탐착하지 않으므로 자유롭다. 이 해탈 가운데 '해탈했노라!'는 지혜가 생겨나니 '태어남은 끝났고 범행은 완성되었다. 해야 할 일을 마쳤으며 더이상 윤회는 없음'을 안다〔nibbindaṃ virajjati; virāgā vimuccati. vimuttasmiṃ vimuttamiti ñāṇaṃ hoti. 'khīṇājāti, vusitaṃbrahmacariyaṃ, kataṃkaraṇīyaṃ, nāparaṃitthattāyā'ti pajānāti〕."

이와 같이 말씀하시자 다섯 비구는 세존의 말씀에 환희하였다. 그리고 이 설법이 행해지는 동안에 다섯 비구의 마음은 집착 없이 번뇌에서 해탈했다.

중도

양극단의 지양

앞에서 본 『초전법륜경』에서 붓다께서는 당신이 터득하고 완성한 팔정도를 중도(中道, majjhimā-paṭipadā)라고 밝힌 바 있다. 이는 우선 극단적인 고행과 감각적 쾌락의 양극단을 지양한 '가운데 길'이다. 그 시대 대부분의 출가 수행자들은 고행을 통해 육체를 정화함으로써 아뜨만의 자유를 이룰 수 있다고 믿었다. 그러나 고따마 붓다께서는 죽음의 문턱을 넘나드는 극심한 고행의 경험을 통하여 그런 고행이 깨달음에 이르는 통찰력을 가져다주지 않는다는 것을 알았다. 붓다께서는 이런 경험적 배경에서 형성된 수행 방법론으로서의 사성제 팔정도를 '중도'라 불렀다. 다른 한편으로 이 중도와 달리 팔정도의 저변에 깔린 보다 더 근원적인 의미의 중도는 '영원불멸의 존재'와 '절대적 무', 이른바 '상(常)' 아니면 '단(斷)'의 양극단을 동시에 부정하는 '존재론적 중도'를 말한다.

『초전법륜경』에서 붓다께서는 명시적으로 "비구들이여, 여래는 이 양극단을 지양하고 '중도'를 깨달았으니, 〔중도는〕 눈을 뜨게 하고, 통찰력을 일으키며, 적정(寂靜)과 증지(証智), 온전한 깨달음, 열반으로 인도한다"고 하셨고 이어 이것이 바로 팔정도라고 했으므로 팔정도가 중도라는 것은 확실하다. 다음, 『가전연경』에서는 "상(常, atthita, 영원한 존재)과 단(斷, natthita, 완전한 무〔無〕)의 양극단을 지양하고, 여래는 '중(中)'으로 법을 설한다. 무명을 연하여 행이, 행을 연하여 식이, 식을 연하여 명색이…… 생·로·병·사, 우·비·고·뇌가 일어난다"고 하여 연기법이 정견의 바탕이라고 설하고 있다. 후자에 대해서는 'majjhimā paṭipadā(중도)'라 하지 않고 'majjhena(가운데로)'라고만 하고 'paṭipadā(길)'라는 단어는 빠졌으니 중도가 아니라고 주장하는 이도 있다.

그러나 저 유명한 용수(Nāgārjuna)의 『중론中論』에서는 바로 이 경전을 인용하여 중도의 논리를 전개한다. "유(有)와 무(無)에 관해 두루 통달하신 세존께서 가전연을 훈계하시면서 두 극단을 함께 내치셨다〔kātyāyanāvavāde cāstīti nāstīti cobhayam, pratiṣiddhaṃ bhagavatā bhāvābhāvavibhāvinā〕"〔MK. 「관유무품」. 7〕고 한 것이다. 『중론』 전문을 통틀어 부처님 말씀을 인용한 유일한 구절인데 용수는 이 경전이 단(斷)·상(常) 혹은 유(有)·무(無)의 양극단을 지양한 '존재론적 중도'를 설파했다고 보았음이 분명하다.

다시 말하면 중도는 두 가지로 나누어 설명할 수 있다. 첫째, 고행과 쾌락주의의 양극단을 지양하는 '수행 방법론으로서의 중도'와 둘째, 영원한 존재와 절대 무의 양극단을 지양하는 '존재론적 중도'다. 다시 돌아가 "어떻게 보는 것이 바른 견해 혹은 바른 지견인가?"라는 깟짜나 존자의 질문에 붓다께서는 십이지(十二支) 연기의 정형구를 들어 인간의 생사가 조건에 따라 일어나고 스러지는 연기법의 진행이라고 설파하셨다. 정견(正見)은 곧

'연기적 관점에서 현상을 보는 것'을 말한다.

수많은 후대 대승 경전은 사실 이 중도설을 공격하는 외부 도전에 대한 불교식 대응이었다. 밖으로는 불교가 허무주의(無派)가 아님을 내보이고, 안으로는 불교가 영원론자(有派)가 아니라는 사실을 주지시켜야 했다. 중도는 실로 어려운 길이다. 대승 경전에 등장하는 여래장(tathāgata-garbha), 아뢰야식(ālaya-vijñāna), 법신(dharma-kāya), 불성(buddha-dhātu) 등은 모두 외부 공격에 대해 불교가 허무주의가 아님을 보여주기 위해 밖을 향해 흔드는 일종의 시위성 깃발이었다. 동시에 안으로는 경전의 행간 곳곳에 '어떻게 꾸며서 내걸어도 이 깃발은 절대불변의 실체가 아니라 모든 존재가 인연의 법칙에 따라 일어나고 소멸하는 것임을 보여주는 도구일 뿐이다'라는 사실을 촘촘하게 새겨놓고 끊임없이 주지시키며 거듭 강조하여 내부 단속을 해온 것이다.

연기, 무아 등의 논의는 공연히 허실삼아 만들어낸 것이 아니라 이 세상에서 우리가 겪는 괴로움을 어떻게 벗어던질까 하는 절실한 문제의식에서 비롯된 것이었다. "이 갑갑한 세상에 나라는 물건은 도대체 어떻게 생겨먹었고, 어떻게 굴러가는 것인가?" 인도 종교, 그중에서도 우리 큰 스승님 고따마 붓다께서는 사태를 제대로 파악하여 아는 것이 문제 해결의 시작이라고 보셨다. 그리고 제대로 알았다면 그것을 당장 실행으로 옮길 수 있어야 하며, 실천할 수 없는 것은 제대로 안 것이 아니기 때문이라고 했다. 그래서 부처님을 이르는 열 가지 호칭 중에 세번째가 '지혜와 실행력을 갖추신 분(明行足)'인데 더 쉽게 말하면 '아는 대로 실천하시는 분(vijjā-caraṇa-sampanna)'이다.

다시 돌아가서, 이 양극단, 즉 '절대 유(有)'와 '절대 무(無)'를 벗어난 중도는 무엇일까? 앞에서 언급했듯이 지금 여기서 말하는 존재는 어떤 과학자가 강의실에서 말하는 존재가 아니라 지금 여기 온갖 일로 부대끼며 살아가는 우리네 인간, 사람을 말한다. 여기 자판을 두드리고 있는 '재연'이라고 이름 붙여진 오온덩어리는 어제의 재연과 같은 존재일까? 또 10분 뒤에도 동일한 사람일까? 이 오온덩어리는 계속 다른 상태로 변화하고 있는 중이다. 즉, 진행형이다. 고따마 붓다께서는 이렇게 주변 조건의 영향을 받아 변하면서 이 변화가 다시 주변의 변화에 영향을 미치는 존재를 'bhava'라고 불렀다. 사실 이 세상의 모든 존재는 상시 진행형의 'bhava'다. 한역 경전에서는 이를 '유(有)'라고 했는데, 이건 그냥 없음의 반대말인 '있음'이 아니라 연기적 존재, 매 순간 달라지는 존재를 말한다. 이 단어 'bhava'는 '~이 되다'를 뜻하는 동사 '√bhū, bhavati'의 현재분사형이다. 영어식으로 하면 'becoming'이 된다. 이와 거의 같은 뜻으로 쓰이는 동사 '√as, asti'가 정확하게는 '저것이 지리산이다'라고 하거나 '여기 ~이 있다'는 뜻으로 쓰는 영어의 'be' 동사에 해당한다. 이 단어의 동명사형은 'sant'인데, 이는 'being'과 같은 뜻이다.

위 두 단어 'sant(being)'와 'bhava(becoming)' 사이에는 미세하지만 아주 현격한 의미상의 차이가 있다. 'sant(being)'가 고정, 정지된 실체론적 존재를 암시한다면 'bhava(becoming)'는 쉼없이 변화하면서 살아 움직이는 '흐름', 연기론적 존재를 암시하고 있다.

『금강경』에서 'sattva-saṃjñā'를 구마라집은 '중생상(衆生相)'으로, 현장은 '유정상(有情想)'으로 옮겼는데, 이는 '영원한 생명 개념'을 뜻하며, 거기 함께 쓰이는 인상(人相, pudgala-saṃjñā), 수자상(壽者相, jīva-saṃjñā)은 모두 '본질적 존재' 아상(我相, ātma-saṃjñā)의 동의어다. 『금강경』은 그렇게 아뜨만과 그런 어감을 풍기는 동의어들을 나열하고 함께 부정하고 있다. 이는 곧 초기 불교에서 대승 불교까지 공히 무아설을 견지하고 있음을 보여주는 것이다. 다시 강조하건대, 우리는 모두, 그리고 이 세상에 존재하는 모든 것이 'sattva(실체론적 존재)'가 아닌 'bhava(연기론적 존재)'라는 것이 불교의 핵심 메시지다. 앞으로 한역 경전에 쓰인 '유(有)' 자를 보시거든 이것이 그냥 없음의 반대말인 '있음'이 아니라 부처님께서 생각하신 '끊임없이 변하면서 동시에 주변의 변화와 더불어 살아 움직이는 흐름으로서의 존재'를 가리키는 아주 심오한(!) 용어임을 다시 새기시길!

【 가전연경迦旃延經 】

〔SN. II. p. 16. *Kaccānagotta-sutta*〕

사왓티에 머무실 때였다.

깟짜나(Kaccāna) 존자가 세존께 다가갔다. 세존께 예를 올리고 자리를 잡고 앉은 깟짜나 존자가 세존께 여쭈었다.

"바른 지견(正見), 바른 지견이라고들 말합니다. 스승이시여, 바른 지견이란 어떤 것입니까?"

"세상 사람들은 대체로 두 가지에 의지한다. 하나는 '있음(atthita, 영원한 존재)'이고, 다른 하나는 '없음(natthita, 완전한 무〔無〕)'이라는 생각이다. 그러나 일어나고 있는 현상을 있는 그대로 보면 전무(全無)라고 할 수 없다. 또한 사라져 소멸하는 현상을 보면서 영원한 존재를 말할 수 없다."

"세상은 온통 편견에 집착하고 독단에 사로잡혀 있다. 〔그러나〕 누군가 그런 식의 편견에서 자유로우며 독단에 기울지 않고 자기식 입장에 집착하지 않는다면 〔어떤 것에 대해서도〕 '이것이

나의 자아다'라고 주장하지 않을 것이다. 어떤 현상이 일어나면 〔변화의 흐름 속에 있는 한 양상으로서〕 '이건 둑카(苦)다'라고 생각하고, 어떤 것이 소멸하면 '이것은 둑카다'라고 알기 때문에 의심할 것도, 주저할 것도 없다. 이것은 굳이 어떤 것에 의존할 필요도 없는 자기 스스로의 직관에 따른 것이다. 깟짜나, 이것이 곧 바른 지견, 정견(正見)이다!"

"'모든 것이 유(有)'라는 생각은 한 극단이다. '일체는 무(無)'라는 것도 한 극단이다. 여래는 이 양극단을 취하지 않고 가운데〔길〕로 법을 가르친다. '무명을 연(緣)하여 행이 일어난다. 행을 조건으로 식이 일어난다. 식을 조건으로…… 생·로·병·사, 우·비·고·뇌가 일어난다. 무명이 멸하면 행이 멸하고, 행이 멸하면 식이 멸하고…… 생·로·병·사, 우·비·고·뇌가 멸한다.'"

무아와 윤회

혹자는 초기 경전은 무아(無我)를 설하지만 대승 경전에서는 진아(眞我)를 설한다고 말하기도 한다. 그러나 이는 사실과 다르며 소승과 대승의 구분 없이 일관되게 인무아(人無我, pudgala-nairatmya)와 법무아(法無我, dharma-nairatmya) 설을 유지하고 있다. 중부 니까야 제22 『바다뱀 비유 경』에서 말씀하셨다.

> "오 비구들이여, 그것을 받아들임으로써 우(憂, soka)·비(悲, parideva)·고(苦, dukkha)·뇌(惱, domanassa)를 피할 수 있다면 유아설(有我說, atta-vāda)을 수용하라. 그러나 비구들이여, 그것을 수용하고도 우·비·고·뇌가 일어나지 않을 유아설을 본 적이 있는가?"
>
> "그렇지 않습니다."
>
> "옳다, 비구들이여, 나 또한 그것을 받아들임으로써 우·비·고·뇌에 빠지지 않을 유아설을 상상할 수 없다."
>
> 〔MN. I. p. 137. 제22경 *Alagaddūpama-sutta*〕

이렇게 붓다께서는 아무리 정교하고 고상하게 꾸며대도 이 유아설은 모든 고뇌의 씨앗이라고 가르치셨다. 앞에서 언급한 것처럼 고따마 붓다의 동시대 자유사상가들 가운데는 『베다』 및 바라문 사제의 권위와 그들이 집전하는 제사 의식의 효험을 의심하고 브라흐만과 아뜨만의 절대성을 부정하는 사람도 있었다. 『베다』를 보편적 인식의 근거로 보거나 바라문 사제의 희생 의식을 통하여 누군가의 길흉화복이 결정된다는 생각을 그대로 수용할 수 없었던 것이다. 이 점에 관한 불교의 입장은 분명하고 단호했다. 이는 부처님 가르침의 근본인 무상과 연기의 원리에 따른 당연한 귀결이었다. 불교는 시작부터 '영원불변의 존재'와 '완전한 무(無)'라는 양극단을 지양한 중도(中道)라는 특유의 입장을 견지했다. 그러나 이러한 중도는 줄곧 드센 비판과 공격의 표적이 되었다. 중도가 의미하는 바를 이해하려 하기보다는 우선 자기들이 그토록 매달리고 집착하는 브라흐만과 아뜨만을 달리 해석한다는 이유에서 허무주의로 낙인찍고 매도한 것이다.

이러한 불교의 무아설은 외견상 윤회설과 공존할 수 없는 것으로 생각되었다. 즉, 연기설의 내용을 면밀히 이해하지 못한 사람들에게는 아뜨만을 인정하지 않으면서 윤회를 주장하는 불교의 논리가 중대한 오류거나 모순으로 비칠 수밖에 없었던 것이다. 금생에 지은 업을 모두 안고 다음 생에 태어나 그 행위에 상응하는 과보를 받아야 할 주인공이 빠졌다고 생각하는 것이다. 그러나 불교식 윤회의 주체가 식(識)이라는 것은 주지의 사실이다. 다만 이때의 식은 『우빠니샤드』나 대부분의 인도 사상 체계에서 주장하는 아뜨만처럼 불변의 실체가 아니라, 조건에 따라 변화하는, 그러나 면면히 이어 지속되는 흐름으로 존재하는 것이다. 이 점을 설명하는 것이 『밀린다왕문경』에 나오는 유명한 두 가지 비유다.

메난드로스왕이 나가세나 비구에게 묻는다.

"새로 태어나는 사람은 죽은 사람과 같은 사람입니까 혹은 다른 사람입니까〔yo uppajjati, so eva so, udāhu añño〕?"

"그 사람은 아니지만 다른 사람도 아닙니다〔na ca so, na ca añño〕."

"예를 들어 설명해주십시오."

"자, 왕이시여, 당신은 한때 바닥에 드러누워 있는 작고 연약한 어린아이였습니다. 그 아이와 성인이 된 지금의 당신은 다른 사람입니까?"

"아니요, 그 아이와 내가 다르지 않습니다."

"그렇습니다. 만약 그 아기가 당신과 다른 사람이고 학교에 들어간 아이와 공부를 마친 아이가 다른 사람이라면 죄를 지은 사람과 그 범죄에 대한 벌로 손목이 잘린 사람은 다른 사람이 되는 꼴입니다.

다른 예로, 여기 어떤 사람이 켜놓은 등불이 밤새 타고 있습니다. 이 등불의 초저녁 불꽃과 한밤중 불꽃은 같은 것입니까?"

"아닙니다."

"삼경의 불꽃과 새벽녘의 불꽃은 같은 것입니까?"

"아닙니다. 하지만 그 불꽃은 저녁 내내 같은 등잔에서 일어난 것입니다."

"마찬가지로, 왕이시여, 어떤 사람 또는 사물의 지속성은 그렇게 유지됩니다. 누군가 태어나서 죽고, 또다시 태어나는 것도 그렇게 간단없이 일어나 지속됩니다. 죽어가는 사람의 마지막 의식(以前意識, purima-viññāṇa)은 따라서 새로 태어나는 사람의 첫 의식(後續意識, pacchima-viññāṇa)과 동일하지 않지만 그렇다고 다른 것이 아닙니다〔na ca so, na ca añño〕."

〔MP. p. 40〕

위에 나온 "그 사람은 아니지만 다른 사람도 아니다〔na ca so, na ca añño〕"라는 문구가 바로 동일성을 부정하면서 지속성을 주장하는 불교식 답변이다. 중부 니까야 제38『갈애 멸진의 경』에 의하면 태아의 잉태에는 세 가지 조건이 요구된다. 그 세 가지는 첫째로 어머니의 회임 가능 시기에, 둘째로 부모의 생물학적 결합이 있고, 여기에 셋째로 재생 연결식(再生連結識, paṭisandhi-viññāṇa)이 결합하는 것이다. 이 재생 연결식은 죽은 사람의 마지막 의식을 가리키는 것으로, 달리 '건달바(gandharva)'라고도 하며, 한역에서는 '중유(中有)' 혹은 '중음(中陰)'이라고 했다. 이런 조건이 두루 구비되어 한 생명이 잉태된다 하더라도 그 태아는 이후에 일어나는 변화, 즉 부모의 정신적이고 물리적인 여건 및 또

다른 다양한 조건의 영향을 받고 변화할 것이다. 여기서 불교가 주장하려는 것은 그것을 어떻게 부르든 이 태아에 연결된 의식은 고정불변의 아뜨만이나 영혼과 달리 조건에 따라 변화할 수밖에 없는 것이어서 그 연속성(continuity)을 인정하지만 동일성(identity)은 부정한다는 것이다.

위의 설명으로 불교의 윤회설이 온전히 해명되었다고 할 수는 없다. 설령 그것이 논리적으로 그럴 법하다고 해서 인과응보의 원리와 윤회설이 그대로 수용될 수도 없는 일이다. 또한 극악무도한 인간들이 온당한 처벌도 없이 부와 권세를 누리는 현실을 경험하면서, 불교의 윤회설이 혹여 세상에 횡행하는 불평등과 부조리를 증명할 수 없는 과거의 업으로 돌리고 부당한 세력을 정당화하는 수단으로 쓰인다고 의심할 수도 있다. 그러나 이런 해석은 분명히 연기설에 대한 잘못된 이해와 오용의 한 예일 뿐이다. 불교의 업설은 자신의 모든 행위를 의도된 행위로 만들고 그 행위를 스스로 책임지겠다는 깨어 있는 수행자의 삶을 찬탄하고 권고하는 것이지, 악행을 처벌해주겠다는 약속이 아니다. 그리고 불교를 논함에 있어 윤회설을 지나치게 강조하는 것은 수행과 깨달음이라는 근본 논의를 벗어나 논점을 흐리기 십상이다. 현재 이 자리의 문제를 이미 지나간 과거와 오지 않은 미래로 분산시켜 모호하게 만들어버린다는 뜻이다.

불교가 말하는 법(法, dhamma)의 가장 큰 특징 가운데 하나는

'지금, 여기(here and now)!'를 강조한다는 점이다. 붓다의 가르침으로서의 법을 정의할 때 제일 먼저 쓰이는 용어가 'sandiṭṭhika'다. 이 용어의 중심인 'diṭṭha'는 '보다'를 뜻하는 'dassati'의 과거분사로 눈에 '보인' '보여진' 것을 가리키며, 여기에 접두사 'saṃ'을 붙여 '함께 보고 있는' '우리의 눈에 드러난' 것, 즉 지금 여기, 우리 눈앞에 펼쳐진 현실을 말한다. 따라서 이 용어를 불교 수행의 관점에서 받아들인다면 우리의 삶에서 우리가 실질적으로 관여하고 힘을 기울일 수 있는 것은 시간적으로 '지금', 그리고 공간적으로는 '여기'밖에 없다. 이미 지나간 일, 아직 오지 않은 미래, 그리고 나의 행동반경 너머에 있는 사안에 내 힘을 발휘할 수는 없다. 이런 연유로 붓다께서는 "지나간 일에 연연치 말고, 오지 않은 일에 목매지 말라. 과거는 이미 지나갔으며 미래는 아직 오지 않았다. 오직 지금 여기 현재의 일(paccuppanna dhamma)을 꿰뚫어 보는 사람, 그가 곧 불퇴전에 부동이니 애써 그 힘을 기르라!"〔MN. III. p. 187. 제131경 *Bhaddekaratta-sutta*〕 하신 것이다.

연기

이미 여러 차례 말한 것처럼 불교 교리 체계의 핵심은 연기(緣起, paṭicca-samuppāda)의 원리다. 또 고따마 붓다가 깨달은 내용이 바로 이 연기의 원리라고 한다. 콩 심은 데 콩 나고, 팥 심은 데 팥 난다는 뻔한 이야기에 뭐 그리 호들갑이냐고 할 수도 있다. 장부 니까야 제15경인 『대인연경』의 도입부에 이런 내용이 있다.

> 아난다 존자가 해질녘에 오후 수행을 마치고 붓다께 다가가 여쭈었다.
> "놀랍습니다, 실로 놀랍고 희유한 일입니다. 연기의 원리는 실로 심오(gambhīra)합니다. 그 깊고 깊은 연기의 원리가 제 눈에 환히 보이는 듯했습니다."
> 이에 부처님이 말씀하셨다. "아난다, 그렇게 말하지 마십시오. 이 연기의 원리는 실로 심오하며, 보이는 것 또한 그렇습니다. 이를 제대로 꿰뚫어 보지 못하기 때문에 사람들은 엉킨 실타래, 얽히고설킨 골풀덩어리처럼 험한 세상, 지옥의 윤회를 벗어날 수 없는 것입니다."
>
> 〔DN. II. p. 55. *Mahānidāna-sutta*〕

부처님은 종종 참혹할 만큼 매정한 분이다. 위 부처님 말씀에 다시 토를 달면 '연기 원리는 깊고 깊어 아득해 보인다. 그렇게 보일 뿐만 아니라 그 속내는 실로 깊고 깊다. 그것을 보았다, 알았다고 생각하는 순간 어그러지는 것이 연기의 원리'라고 할 것이다. 몹시 민망하고 부끄러웠을 아난다 존자의 모습을 떠올리면 내 몸이 오그라들 지경이다. 부처님 말씀을 곧이곧대로 다시 쓰면 "아난다 당신은 연기를 바로 보지 못한 겁니다. 모르면 입 다무시오!"라고 면박을 당한 꼴이니 말이다. 동시에 이 구절은 중노릇 50년에도 이 모양인 나 같은 무지렁이에게 위안을 주기도 한다. 아난다 존자도 저 지경인데, 좀스러운 내 망발쯤이야! 그러나 부탁하노니, 님들은 어지간하면 나대지 마십시오.

이 연기의 원리는 대개 십이지연기로 설명된다. 순서대로 간략하게 열거하면 다음과 같다.

1. 무명(無明, avijjā)을 연하여 행(行, saṅkhāra, 재생의 의지)이 일어난다.
2. 행을 연하여 식(識, paṭisandhi-viññāṇa, 재생 연결식)이 일어난다.
3. 식을 연하여 명색(名色, nāma-rūpa)이 일어난다.
4. 명색을 연하여 육입(六入, saḷāyatana, 여섯 감각기관과 그 작용)이 일어난다.
5. 육입을 연하여 촉(觸, phassa, 인상)이 일어난다.
6. 촉을 연하여 수(受, vedanā, 느낌)가 일어난다.
7. 수를 연하여 갈애(渴愛, taṇhā, 갈증)가 일어난다.
8. 갈애를 연하여 취(取, upādāna, 집착)가 일어난다.

9. 취를 연하여 유(有, bhava, 존재)가 일어난다.

10. 유를 연하여 생(生, jāti)이 있다.

11. 생을 연하여 노(老, jarā)·사(死, maraṇa)가 있다.

12. 이렇게 노(老, jarā)·사(死, maraṇa), 우(憂, soka)·비(悲, parideva)·고(苦, dukkha)·뇌(惱, domanassa)가 있다.

후대의 주석과 논서에서는 위 십이지(十二支)를 세 부분으로 나누어 전생의 무명(無明)·행(行)을 원인으로 현생의 식(識)·명색(名色)·육입(六入)·촉(觸)·수(受)의 결과가 있고, 현생의 갈애(渴愛)·취(取)·유(有)를 원인으로 내생의 생(生)·노(老)·사(死)가 있다고 보고, 전생과 현생을 연결하는 행(行)·식(識), 현생와 내생을 연결하는 유(有)·생(生)의 두 중첩 부분을 아울러 '삼세양중인과(三世兩重因果)'라 한다. 여러 경전에서도 윤회의 설명과 연관지어 위와 같은 십이지 형식의 연기가 등장하지만, 이렇게 십이지를 다 갖춘 형식으로 정형화된 시기는 확실치 않다.

앞에 아난다 존자의 일화로 짐작하겠지만 나름의 지식으로 연기의 원리를 깎아 맞추거나 재단하여 누더기로 만드는 일은 절대 삼갈 일이다. 나는 개인적으로 이 연기 원리가 윤회설을 설명하는 틀로 쓰이는 것을 탐탁지 않게 생각한다. 물론 수없이 많은 경전이 윤회 고(苦)의 실상을 밝히고 그로부터 벗어날 길을 제시하고 있는 게 사실이다. 그러나 "누군가의 전생을 알려면 그의 현재를 보라. 또 누군가의 내생을 알려면 그의 지금을 보라"고 하신 분도 부처님이다. 전생을 안다고 해서 되돌아가 바꿀 수 있는 것도 아니며, 내생은 지금 내가 만들고 있다. 따라서 우리가 할 수 있는 일, 해야 할 일은 지금 여기서 벌어지는 일에 어떻게 대응하고 풀어갈 것인지에 집중하는 것이다. 전생이나 내생에 대한 지나친 관심은 현재 사안에서 달아나는 일이 되거나 초점 흐리기가 될 수 있다. 경전 속의 윤회설을 현대 과학의 생물학적 발생 과정과 대비하여 설명하려는 시도는 본전을 찾기도 어렵다.

십이지연기설은 한 권의 소설에 비유할 수 있다. 모든 이야기가 기승전결이라는 기본 틀을 갖고 있다. 하지만 작가는 회상이나 생략, 건너뛰기, 반복 등의 기법을 사용하여 사건의 선후를 적당히 바꾸기도 하고, 사이사이에 산뜻한 에피소드를 삽입하여 의도된 효과를 만들어낸다. 십이지를 과거, 현재, 미래의 삼세로 나누었다고 하지만, 실제로 연기적 삶의 이야기는 열두 개의 살로 이루어진 하나의 바퀴라고 하는 편이 사실에 가깝다. 하나의 이야기가 여러 단락과 페이지로 나뉘어 있더라도 그 전체 내용은 서로 긴밀하게 연결되는 것처럼, 열두 개의 고리는 상호 의존하며 작용하는 관계에 있으면서 여러 고리가 동시에 작동하여 효과를 일으킨다. 한순간 지면에 접촉하는 것은 바퀴의 한 부분이지만 그에 따른 반응은 바퀴 전체에 영향을 주면서 굴러가는 것이다.

여기 '재연'(名色, nāma-rūpa)이라는 좀 엉성한 스님이 있다. 그는 지금 호젓한 산사 뒷길을 묵묵히 걷고 있다. 여섯 감각기관(六入, saḷāyatana)을 통하여 외부 대상들에 대한 정보를 받아들인다(觸, phassa). 주석서에서 촉(觸)은 '감각기관과 대상과 그에 대한 인식의 합(根境識三合)'이라고 정의된다. 그러니까 이때 촉은 한 개의 요소가 아니라 하나의 사건이다. 막 피어나는 매화 향기가 코끝을 스친다. '아아 벌써 이렇게 봄이네. 매화나무를 몇 그루 더 심어야지!' 생각한다. 저만큼 풀섶에 무언가가 보인다. 다가가 살펴보니 비둘기나 어치의 깃털 무더기다. 한눈에 사태를 짐작할 수 있다. '에이, 이 빌어먹을 놈의 들고양이! 몇 년 전까지 자주 보이던 다람쥐들 씨를 말려놓고 이제는 날개 달린 새까지! 어떻게 저것들을 다 쫓아내버리지?' 그럴 가능성은 충분하지만 직접 확인한 사실은 아니다. 또 육식동물이 먹이를 찾고 취하는 것은 너무 당연한 일이다. 그러나 살생하지 말라는 계율에 매인 우매한 스님의 알량한 자비심이 이미 마음속으로 들고양이 집단 학살을 범한 것이다. 이것이 불과 몇 초 동안에 무명(無明, avijiā), 행(行, saṅkhāra), 식(識, viññāṇa)이 함께 벌인 일이며, 이 모두를 다 아우르는 것이 바로 저 아홉번째 고리 유(有, bhava, 존재)다. 그러니까 다음 생에 갈 것도 없이 그 순간 재연 스님은 근거 없이 고양이에 대한 미움으로 살의를 품은 아수라가 되고, 이 아수라는 잠시 후 '나는 왜 아직도 이 모양이지?' 하고 자책하는 범부가 된다. 이들 열두 고리를 한 덩어리로 묶어 이름을 붙인 것이 유(有, bhava, 존재)다. 연기가 말하는 인간 존재(名色, nāma-rūpa)는 완결체로 종결되어 멈춰 선 실체가 아니라 이렇게 잠시도 쉬지 않고 변화하며 흘러가는 미완성의 존재다.

어떤 사람이 있다. 그는 된장국을 무척 좋아하는 중년 남성 아무개(名色, nāma-rūpa) 씨다. 힘든 하루 일을 마치고 돌아왔다. 코에 와닿는(觸, phassa) 된장국 냄새에 기분이(受, vedanā) 좋다. 오늘만 그런 게 아니라 그 냄새는 옛적 고향집, 어머니와 그리운 동무들을 생각나게 해서 좋다(渴愛, taṇhā). 막상 식탁에 앉아 된장국을 한입 맛본 그의 표정이 뭔가 못마땅한 듯하다. 오늘 국을 끓인 딸에게 물었다. "이게 무슨 맛이니?" "네, 아빠, 그거 토마토인데요, 상큼하지요?" "상큼은 무슨, 그걸 집어넣는 바람에 순수한 된장 맛이 사라져버렸잖아!" 이에 부인이 들고 나선다. "느그 아빠는 할머니 퀴퀴한 된장 맛에 집착하는(取, upādāna) 꼴통 보수야!" 나름 진보주의자라고 자처하는 가장님은 된장국 덕에 잠깐이라도 꼴통 보수가 된다.

꼴통 아저씨가 벽을 마주한 채 연꽃 자세로 앉았다. 온 마음을 들숨 날숨에 집중하고 있다. 인중 부근에서 느껴지는 온도의 차이, 서늘한 들숨과 이내 뜨뜻미지근하게 데워져서 나오는 날숨의 느낌을 지켜보는 것이다. 불과 몇 분 지나지 않아 환하게 켜둔 실내등 불빛이 거슬린다. 자리에서 일어나 불을 끄고 다시 앉으면서 생각한다. '주변 일은 그냥 모른 척해야지!' 이번에는 호흡을 헤아리기 시작한다. 들숨 날숨에 하나, 다시 들숨 날숨에 둘, 셋, 넷, 다섯…… 열까지 갔다가 되돌아와 하나로 다시 시작한다. 뭐가 좀 되어가나 싶은데 평소에는 전혀 마음 쓰지 않았던 자동차의 경적이며 쌩쌩 내달리는 소리가 여간 마음 쓰이는 게 아니다. 호흡을 하나에서 열까지 세어 올라가는 식으로 겨우 두어 번을 지속했을까 싶은데 어느 순간 위층 집 꼬마가 쿵쿵거리며 뛰어다니는 소리에 숫자를 까먹었다. 그것도 가만히 되짚어보면 열까지 가기도 전에 마음속에는 호흡이 아닌 엉뚱한 것들이 끼어들었던 것 같기도 하고, 들고 나는 단 한 차례의 숨결에서도 호흡과 전혀 무관한 다른 생각을 했다는 것을 알고는 난감해지기 시작했다. 쓸데없이 경적을 울리는 운전자가 밉기도 하고, 윗집 아이 부모의 밉상 얼굴이 떠오르기도 한다.

위에 벌어진 일을 다시 짚어보자. 여기 도 닦을 마음을 낸 중년 남자(名色, nāma-rūpa)가 도 닦을 마음을 냈다(行, saṅkhāra). 그의 고막(根)에 쿵쿵거리는 소리(境)가 와닿고(觸, phassa), 버릇없는 윗집 꼬마의 소행이 달갑지 않고 기분이 나쁘다(受, vedanā). 우선 내 거룩한 수행을 방해하는 그 소리가 싫고 그렇게 내버려두는 아이의 부모를 향해 마음속으로 '소똥!'이라고 외쳐준다. '도 닦는다는 게 만만치 않네!' 중얼거리며 마음을 다잡고 다시 시작한다. 여기 '싫은 생각'은 위 열두 고리 가운데 여덟번째 갈애(渴愛, taṇhā)의 다른 모습이다. 이 'taṇhā'는 본디 갈증을 뜻하는데 여기에 '싫어함'도 포함해서 '갈애(渴愛)'라고 한다. 또 뒤에 이어지는 취(取, upādāna, 집착) 역시 싫어서 물리치는 역선택을 포함한다.

윤회에서 벗어날 한 방책으로서의 수행과 위 십이지연기의 5에서 10까지의 과정을 다시 살펴보자. 감각기관(六入, saḷāyatana)이 감각 대상을 받아들여(觸, phassa) 그에 따른 느낌이 일어나는(受, vedanā) 것은 내 맘대로 바꿀 수 있는 게 아니다. 우리가 개입할 수 있는 대목은 '그것을 어떻게 해석하고 수용할 것인가'이다. 윗집에서 들려오는 소리는 하나의 물리적 현상이다. 그것이 내 집중을 방해한다고 생각하고 거기 싫은 마음이 일어난 것은 내 위주의 해석과 판단에 따른 수용이다. 이때 도 닦는 사람이 해야 할 일은 이 과정을 면밀하게 주시하고 알아차리는 것이다. '저것은 한 아이가 만들어낸 넘치는 에너지의 한 표현이다. 그런데 나는 그것을 소음이라고 받아들이고 싫은 생각이 일어났다!'라고. 이렇게 해서 다음 고리인 좋고 싫은 생각(渴愛, taṇhā)과 거듭 같은 생각을 반복하는 것(取, upādāna, 집착)을 막을 수 있다. 일견 단순하고 쉬워 보이는 이것이 실제로는 녹록지 않은 일이다. 이게 그렇게 쉬운 것이었으면 이 세상은 진작 아라한 보살들이 넘쳐나는 극락세계였을 테지만 사람들 사이에, 민족 간에, 나라와 나라 사이에 분쟁이 끊이지 않는 것은 저 단순한 일을 제대로 알고 실천할 수 없기 때문이다.

내가 원하지 않는 장소, 시간, 상황에서 내 의사에 반하는 소리는 소음이다. 제아무리 아름다운 베토벤이나 모차르트의 음악도 초짜배기 도인에게는 아주 성가신 방해꾼일 뿐이다. 그래서 그때 '아하, 내가 저 소리에 이렇게 반응하는구나!'라고 알아차리는 것이 그가 할 일이다. 만약 그때, '저런, 빌어먹을!' 하면서 보이지 않는 레이저를 쏘아댔다면 그 순간 그는 독을 품은 채 목을 잔뜩 부풀리고 머리를 쳐든 코브라가 된다. 이 대목에 그의 몸과 마음(名色, nāma-rūpa) 속에서는 1에서 12까지 한 사이클의 윤회가 일어난 것이다. 그와 반대로 '저 소리는 그저 꼬마의 발바닥과 마루의 마찰로 일어난 물리적 현상일 뿐 내 수행을 방해할 목적이 있는 것도 아니다. 저 활기찬 뜀박질에 엄마 아빠는 엄청 행복하겠지!'라고 생각하면 미운 생각으로 해서 벌어지는 한 사이클의 작은 윤회를 만들지 않을 뿐만 아니라, 이러한 행위의 반복은 이미 이전에 만들어 쌓아온 내 마음속 숙업(宿業)을 녹여낸다고 한다. 이것이 이른바 업장의 소멸이다.

멀리 전생이나 내생에 갈 것도 없다. 이 세상에는 당장 목전의 사태에 눈이 멀어 허둥대는 소대가리, 오로지 제 먹이만 생각하는 돼지 인간이 부지기수다. 분수없이 고개 빳빳이 쳐들고 나대는 닭대가리도 천지 사방에 널려 있다. 도무지 앞뒤 안 가리고 만사 쌍심지 켜고 싸우려 드는 독사, 아수라들이 우글거리는 곳이 이 사바세계다. '일일일야 만생만사(一日一夜 萬生萬死)'라 했다. 하룻밤 하룻낮 사이에 만 번 생겨나고 만 번 죽더라는 것인데, 이는 생물학적 생사가 아니라 저렇게 이 몸뚱이 살아서 거듭하는 심리적 부침, 진짜 윤회를 말하는 것이다.

『로히따 경』에 아주 흥미로운 이야기가 있다.

깊은 밤, 한 천신이 휘황한 빛을 뿜으며 세존께 다가와서 말했다.
"세존이시여, 걷고 또 걸어가면 세상 끝 어딘가에 있다는, 생·로·병·사도 없고 윤회도 없는 그런 곳에 이를 수 있겠습니까?"

그가 말한 세상의 끝이란 필시 열반을 가리키는 것이리라. 그러면서 그 천신이 고백했다.

"전생에 제가 로히땃사라는 선인(仙人, isi)이었던 적이 있습니다. 저는 마치 숙련된 궁수가 강력한 활로 야자나무숲 저편으로 날린 화살처럼 빠른 속도로 하늘을 날아다니고, 아주 넓은 보폭으로 한걸음에 동해에서 서해에 이를 수도 있었습니다. 어느 날 세상 끝까지 가보자고 생각하게 되었습니다. 그때 제게 남은 수명이 100년이었는데 먹고 마시고 용변을 보고 잠자는 시간을 제외하고 걷고 걸었지만 세상 끝에 이르지 못하고 명이 다하고 말았습니다."

이에 부처님께서 말씀하셨다.

"여보게 친구, 나는 발로 걸어서 생·로·병·사가 없는 세상 끝에 도달하여 보고 알 수 있다고 말하지는 않지. 하지만 세상 끝에 가지 않고는 둑카를 끝낼 수 없다고도 말하지 않는다네. 벗이여, 나는 상(想, saññā)과 의(意, mano)를 갖춘 이 육척 한길 몸안에 세계와 세계의 생성, 세계의 소멸, 세계의 소멸로 이끄는 길이 있음을 밝혔네!"

걷고 걸어도 세상 끝에 이를 수 없으리
혹 세상 끝에 도달한다 한들
고에서 벗어날 수는 없겠지

그러나 세상을 아는 이, 슬기로운 이
범행을 완성하신 분
적정에 머물며 세계의 끝을 아는 이
이 세상 저 세상 바랄 일 없네!

〔SN. I. pp. 61-62. *Rohitassa-sutta*〕

자주 인용되는 경전 구절이 있다. "그것이 무엇이건 생겨난 것은 모두 소멸하게 되어 있다〔yaṃ kiñci samudayadhammaṃ, sabbaṃ taṃ nirodhadhammaṃ〕"는 것인데, 다시 풀어 말하면

"조건에 의해 생성된 모든 현상과 사물은 그렇게 조건에 따라 변화하고 소멸할 수밖에 없다"가 된다.

연기의 눈으로 보면 최초의 원인이나 혹은 절대, 유일 등의 개념은 전혀 무의미한 것들이다. 모든 현상은 최소한 두 가지 이상의 요소가 조합되어 일어난 결과이기 때문이다. 그렇다고 여러 요소가 한자리에 있다고 해서 반드시 어떤 결과가 생기는 것은 아니다. 어떤 주요한 조건(因, hetu)이 있더라도 거기에 적절한 부수 조건(緣, paccaya)이 갖춰지지 않으면 아무 일도 생기지 않을 것이며, 강력한 조건(緣)이 인(因)을 무력화할 수도 있을 것이다. 씨앗(因, hetu)이 싹이 되고 성장하는 데는 적절한 온도와 습도, 영양분 등의 부수 조건(緣, paccaya)이 필요하다. 그러나 과도한 습기는 발아를 방해하고, 싹이 텄어도 제대로 자라지 못하게 하며, 흙 속에 질소 성분이 너무 많으면 잎과 줄기만 웃자라서 꽃이 피고 결실을 맺는 데 해롭게 작용한다. 불교도들은 연기설을 두 가지 방식으로 이해하고 적용하였다. 첫번째는 어떤 특성을 가진 한 개인이나 합성물 전체의 관점에서 보는 것이고, 두번째는 그 합성물을 구성하는 낱낱 요소의 관점에서 보는 것이다. 이 두번째 관점은 훗날 주석서와 아비달마에서 인간 존재를 여러 물질적 요소와 정신적 요소로 분석하고 이들의 상호작용을 설명하여 경전 이해와 수행의 지침이 되고자 한 것이다.

수행

보통 수행(修行, bhāvanā)이라 하면 제일 먼저 참선을 생각하게 된다. 당연히 참선 수행은 경전 속에서 가장 많이 언급되는 수행법이기도 하고, 붓다께서 세상의 진상을 꿰뚫어 보신 강력한 통찰력 또한 선정과 함께 이루어진 것이라고 한다. 참선의 '선(禪)'은 '자나(jhāna)'의 음사로 중국식 발음은 '찬'이고 일본 발음은 '젠', 우리는 '선'이라고 읽는다. 'jhāna'는 '곰곰 따져보다'와 '태우다'를 뜻하는 동사 'jhāyati'에서 파생한 단어다. 따라서 붓다고사(Buddhaghosa)는 'jhāna'를 '대상에 대해 숙고하는 것' '장애물을 태워버리는 것'이라고 정의했다.

수행이라고 번역된 'bhāvanā'라는 단어는 동사 'bhavati'의 사역형으로 '기르다' '가꾸다' '만들어내다'에서 온 것이다. 그러나 'bhavati'가 본디 '~이 되다'를 뜻하는 것이어서 '변화'의 의미를 품고 있다. 그러니까, 어차피 변할 수밖에 없는 인생 살림살이에 부처, 보살, 아라한 등 이상적인 인간상을 그럴듯한 목표로 세우고, 그 목표를 향해 조금씩 자신을 변화시켜나가는 노력을 수행이라고 하는 것이다.

변화의 가능성이 없다면 희망이란 말은 애당초 있을 수 없는 말이다. 앞으로도 변함없이 10년 전, 작년, 지난주, 어제 했던 바보짓을 되풀이하고, 그 어리석은 생각을 고칠 수 없다면 내 삶은, 세상은, 역사는 어떻게 될까? 모두 아라한, 보살로 사는 세상이야 상상할 수도 없지만, 그래도 최악의 지옥은 만들지 말아야 하지 않겠는가? 내가 생각하는 진정한 수행의 시작과 종점은 너와 내가 숨쉬는 생명체라는 동류의식과 공감이다. "너도 나처럼 살아 있구나" "너도 나처럼 아프구나" "알고 보니 너도 나처럼 가엾은 존재구나!"라고 알고, 늘 잊지 않고 그렇게 느끼며 살아가는 것이 수행의 목표다.

이 세상에서 제일, 제일 가엾은 것은 제 분수 모르고 한껏 오지랖을 펄럭이며 껄떡거리는 사람들이다. 염통은 작고, 간도 가볍고, 오줌께가 작은데, 허파에 바람이 잔뜩 들어 부푼 것이다. 대승 경전에 '공(空), 공(空)' 해대는데, 그 '공(空, suñña, śūnya)'이라는 게 실은 '부풀다' '늘어나다'를 뜻하는 동사 '√śvi, śvāyati'의 변형이다. 즉, 바람만 잔뜩 차서 실속 없는 공갈빵이나 풍선 같은 걸 이르는 것이다. 문화, 사회 역사적 배경이 전혀 다른 히말라야 너머 먼 동네 사람들이 살았던 이야기를 수백 년이 흐른 뒤에 중국 사람들이 자기네 말로 옮겨 적었고, 또 천 년 넘어 사람들이 무슨 말인지 졸가리가 서지 않아 낑낑거리는데, 알고 보면 다 '실없는 것을 가지고 득 없이 허둥대지 말라!'는 이야기들이다.

그래도 그것이 아무것도 아닌 것은 또 아니니, 되는대로 막 살지 않고 잘 챙겨 살아보겠다고 맘먹은 사람들이 스스로 바람직한 변화를 위해 벌이는 모든 노력을 '수행(bhāvanā)'이라고 한다.

다섯 가지 장애

부처님 가르침의 최고 목표는 부동의 해탈(不動解脫)을 실현하는 것이다. 여기서 '해탈(解脫)'이란 고(苦)의 바퀴, 윤회에 우리를 붙들어 매는 모든 한계와 속박, 구속에서 자유로운 마음 상태를 말한다. 수행이란 이 해탈로 가는 길을 가로막는 장애를 제거하는 작업이다.

우리의 정신적 향상을 가로막는 방해물은 수없이 많지만 불교 경전에서 장애(蓋, nīvaraṇa)라는 이름으로 자주 언급되는 것은 특히 다음의 다섯 가지 장애, 즉 오개(五蓋, pañca-nīvaraṇa)다.

첫째, 감각적 욕망(欲貪, kāmacchanda).

둘째, 해코지할 마음(惡意, vyāpāda).

셋째, 과도한 정신적 경직성과 이완(惛沈睡眠, thīna-middha).

넷째, 들뜸과 회한(掉擧后悔, uddhacca-kukkucca).

다섯째, 의혹(疑惑, vicikicchā).

이것들을 특히 장애라 부르는 이유는 이들이 여러 가지 경로를 통하여 마음을 어지럽히고 훼방하여 발전을 가로막기 때문이다. 불교에 의하면 정신적 발전(修行)에 두 가지 길이 있는데, 사마타(samatha, 止, 寂止)를 통한 수행과 위빳사나(vipassanā, 觀, 洞察)를 통한 수행이 그것이다. '사마타'는 '흔들림 없는 집중' '삼매(三昧, samādhi)'와 같은 말인데, 이러한 상태에 이르기 위해서는 위의 다섯 가지 장애가 일시적이나마 멈춰져야 한다. 이러한 이유로

특히 선정의 성취에 관한 부처님의 설법 가운데 이들 다섯 가지 장애가 자주 언급된다.

이들 다섯 가지 장애는 선정뿐만 아니라 그보다 낮은 수준의 집중마저도 방해한다. 높은 단계의 수행은 차치하고라도 단지 맑게 사유하고 청정하게 살아보려는 시도조차 이 다섯 가지 장애로 인해 심각한 타격을 받는다. 이들 장애는 한 개인의 삶을 망치는 독극물일 뿐만 아니라 만연해 있는 사회악의 근원이기도 하다. 수행자로서 그 세력을 꺾기 위한 노력의 필요성은 너무 절박해서 단지 좌선하는 동안 이들 장애에 주의를 기울이는 것으로 충분하다고 믿어서는 안 된다. 오히려 일상생활 속에서 부단히 저들 부정적인 심리 상태를 자각하는 것이 더 중요하다.

이런 심리 상태를 제대로 보기 위해서는 마음을 차분히 가라앉히는 집중 훈련이 필요하다. 이 말이 마치 닭과 달걀의 관계처럼 보일 수도 있다. 그러나 어떤 이는 이들 장애 요소를 알아채고 그것을 극복하기 위해서 참선을 시작할 수도 있고, 어떤 이는 참선을 하다보니 전에 몰랐던 저들 장애가 보이기 시작했을 수도 있다. 어쨌거나 팔정도, 육바라밀 등의 가르침도 실은 이들 장애를 극복하기 위한 처방이며, 또한 이 모든 장애에서 완전히 자유로운 아라한의 살림살이란 바로 팔정도의 온전한 실천이다. 엄밀히 말하면 이 팔정도, 육바라밀을 제대로 실천할 수 있는 사람을 일러 완전한 깨달음을 성취한 '삼마삼붓다

(sammāsambuddha)'라고 한다. 팔정도, 육바라밀이 아라한, 붓다를 향해 나아가는 수단이자 길이지만, 이 팔정도, 육바라밀을 비로소 온전히 실천하게 된 사람이 아라한, 붓다인 것이다.

열 가지 족쇄

많은 경전이 앞서 말한 다섯 장애에 다시 부정적인 심리 상태를 더해 우리 인간을 고통스러운 윤회의 굴레에서 벗어나지 못하게 옭아매는 열 가지 족쇄에 대해 언급하고 있다. 이들은 모두 오온 가운데 행온의 52가지 심리 상태에 포함된다. 마음을 다스린다거나 수행을 한다는 것은 바로 스스로 마음속에 이러한 상태를 곧바로 알아차리고 적절히 대처하는 일이다. 열 가지 족쇄, 즉 십결(十結, dasa-saṃyojana)은 다음과 같다.

첫째, 유신견(有身見, sakkāya-diṭṭhi). '이 오온이 자아(自我)'라는 생각이다.

둘째, 의혹(疑惑, vicikicchā). 불(佛)·법(法)·승(僧) 삼보(三寶)에 대한 의혹이다.

셋째, 계금취(戒禁取, sīlabbata-parāmāsa). 계율과 의례 의식에 대한 집착이다.

넷째, 욕탐(欲貪, kāma-rāga). 감각적 쾌락에 대한 욕망이다.

다섯째, 악의(惡意, byāpāda). 시기, 질투, 미움을 비롯한 해코지할 마음이다.

여섯째, 색탐(色貪, rūpa-rāga). 색계에 대한 욕탐이다.

일곱째, 무색탐(無色貪, arūpa-rāga). 무색계에 대한 욕탐이다.

여덟째, 만심(慢心, māna). 자만심이다.

아홉째, 도거(掉擧, uddhacca). 들뜸이다.

열째, 무명(無明, avijjā). 이때의 무명은 탐(貪)·진(瞋)·치(痴)의 삼독심(三毒心) 가운데 어리석음(痴, moha)을 가리킨다. 이는 탐욕(貪欲, rāga)과 진에(瞋恚, dosa)의 바탕인 근본 무명이라고 할 수 있다.

앞에서부터 다섯 가지를 '낮은 단계의 족쇄'라는 뜻으로 오하분결(五下分結, orambhāgiya-saṃyojana)이라 하고, 이후의 다섯 가지를 오상분결(五上分結, uddhambhāgiya-saṃyojana)이라고 한다. 여러 경전에서 이들 족쇄를 부숴 이룬 상태에 따라 각각 과위(果位)를 배분하여 설명한다. 간략히 설명하면 다음과 같다.

먼저 첫째인 유신견과 둘째인 의혹과 셋째인 계금취를 해결한 사람을 수다원(須陀洹, satāpanna)이라고 한다. 성자의 흐름에 들어간 '입류자(入流者)'라는 뜻이다. 이에 더해 넷째인 욕탐과 다섯째인 악의가 묽어진 경지를 사다함(斯陀含, sakadāgāmin)이라고 하며, 한역 경전에서는 '일왕래자(一往來者)'라고 한다. 이들은 앞으로 한번 더 이 세상에 왔다가 온전한 열반을 성취할 것이라고 한다. 더 나아가 넷째와 다섯째를 완전히 해결해 미친 사람을 아나함(阿那含, anāgāmin), 즉 '불래자(不來者)'라 한다. 이승에서의 삶을 마친 뒤 '다시는 이 세상에 오지 않고' 정거천(淨居天, suddhāvāsa)에 태어나 거기서 아라한의 지위를 이룬다는 것이다. 그리고 앞서 말한 다섯 족쇄는 물론 뒤에 있는 모든 족쇄를 완전히 부수고 벗어난 사람을 아라한(阿羅漢, arahant)이라고 한다. 경전에 의하면 고따마 붓다의 가르침에 따라 깨달은 분들이 성취한 아라한 지위는 부처님 당신의 아라한 지위와 어떤 차별도 없다고 한다.

여섯째인 색탐과 일곱째인 무색탐에 대한 설명은 생략한다. '모르는 척' 넘어가는 게 아니고, 사실은 몰라서 넘어가는 것이다. 여기저기 그에 대한 설명이 있기는 하지만 나로서는 도무지 감이 잡히지 않는 것이어서 아예 언급하지 않는 편이 좋겠다고 생각해서다. 재가불자들이 행하는 예배와 공양의 대상으로서의 승보(僧寶)는 최소한 첫째인 유신견과 둘째인 의혹과 셋째인 계금취를 해결한 사람들이어야 한다. 그리고 내가 정한 금생의 목표는 '다섯 가지 낮은 단계 족쇄'를 녹여 푸는 것이다. 어쩌다 황당한 욕심이 불쑥 일어나거나, 아직도 뉴스에 나오는 어떤 얼굴에 욕지기가 나오는 것을 보면 중노릇 50년으로도 넷째인 욕탐과 다섯째인 악의의 해결은 막막하다는 생각에 많이 부끄럽고 서글프다. 아하, 관세음보살 마하살!

각설하고, 여덟째인 만심은 뭐 그리 대단한 것인가 싶지만, 전통적으로 열등감, 우월감, 명예욕도 여기에 포함시킨 것을 보면 여기서 온전히 자유로운 사람도 아주 귀할 듯하다. 그리고 다시 되짚어볼 것은 여기서 말하는 자만이란 근본적으로 아상(我相, ātma-saṃjñā)에서 자유롭지 못하다는 말이다. 즉, 첫째인 유신견(有身見, sakkāya-diṭṭhi)을 완전히 해결하지 못했다는 뜻이기도 하다. 아홉째인 도거는 '뿌리가 뽑힌' '안절부절못하는' '동요하는' '균형을 잃은' 등을 뜻한다. 앞선 다섯 가지 장애에서는 'kukkucca'와 합쳐서 '조울'을 의미한다. 아홉째인 도거 한 가지만 본다면 아마 '구름 위에 둥둥 떠 있는 사람'을 가리킨다고 짐작된다. 우리 동네에도 이런 사람들이 종종 보인다. 마지막으로 열째인 무명 역시 오직 아라한만이 벗어날 수 있는 족쇄다. 이것을 통해 여기서의 무명이 단지 사성제, 팔정도, 연기와 무아의 가르침에 대한 무지를 뜻하는 게 아님을 알 수 있다. 삶으로 실현해 보이지 못하는 앎은 무명과 다르지 않다는 것이다.

다섯 가지 장애나 여기서 열 가지 족쇄를 거듭 언급하는 까닭은 이따금, 자기 살림살이를 되돌아보기를 바라는 마음에서다. 이것은 수승한 삶을 향해 나아가는 깨어 있는 수행자가 매순간 자신의 몸과 마음에서 벌어지는 일들을 점검하고 확인하는 체크리스트와도 같은 것이다. 또한 자신이 지금 어느 지경에 있는지 가늠하는 잣대가 될 수도 있다. 그러나 행여 남들에게 그것을 들이대지는 마시라. 자칫 남들에게는 지나치게 엄격하고 자기 자신에게는 고무줄이 되기 쉽다. 혹시라도 당신 스스로를 아홉 등급 가운데 하지하(下之下)로 평가했다면 당신은 그 잣대를 제대로, 정말 제대로 쓰신 것이다. 그 낮은 자리, 탄탄한 발판을 찾은 당신의 깨우침에 진심으로 축하드린다!

제3부

불교 경전의 성립과 전승

제1차 결집

마하 가섭(Mahā Kassapa) 존자가 대중을 거느리고 쿠시나가라를 향해 가고 있었다. 쿠시나가라에서 약 10킬로미터쯤 떨어진 빠와(Pāva)에 이르러 만다라와(Mandārava, 紅豆) 꽃을 들고 오는 한 나체 수행자를 만났다. 가섭 존자가 그에게 물었다. "혹시 우리 스승님을 아십니까?"

"그럼요, 그분께서 열반에 드신 지 이레째 되었지요. 이 꽃도 거기서 가져온 겁니다."

이 소식에 아직 번뇌에서 벗어나지 못한 비구들은 그대로 땅바닥에 주저앉아 팔을 내뻗고 울부짖었다. "아아, 이리 빨리 가시다니! 세존께서 이렇게 쉽게 가실 줄이야! 너무 일찍 세상의 빛이 사라졌구나!" 그러나 번뇌에서 벗어나 해탈한 비구들은 슬픔을 안으로 삭이며 평정을 유지한 채 생각했다. '조건에 따라 일어난 것은 모두 무상한 것, 어찌 영원할 수 있으랴!'

그때, 대중 가운데 있던 수밧다(Subhadda)라는 노 비구가 말했다. "됐습니다. 그만들 우십시오. 그분께서 가신 게 우리에겐 잘된 일 아니겠소? 이제 더이상 '이건 옳지 않다, 저건 안 된다!' 잔소리 듣지 않아도 되고, 싫은 거 안 하고, 좋은 거 하면 되니 오히려 다행 아니오."

가섭 존자께서 대중들을 달래며 훈계했다. "비구들이여, 그만 눈물을 그치십시오. 이전에 세존께서 말씀하시지 않았습니까? '가깝고 사랑하는 것들은 반드시 헤어지고 떠날 수밖에 없다'

고. 조건에 의해 일어나 존재하는 것들은 끝내 부서지고 사라질 수밖에 없는 것입니다. 그런데 어떻게 그것이 영원하기를 바라겠습니까? 그런 일은 있을 수 없습니다."

〔DN. II. pp. 162-163. *Mahāparinibbāna-sutta*〕

이 이야기는 『대반열반경』의 한 대목을 그대로 옮긴 것이다. 이 경전에 따르면 고따마 붓다의 장례를 치르고 교단(saṅgha)의 지도자들은 붓다의 가르침(dhamma)과 공동체의 규율(vinaya)을 확고하게 주지시키고 확인할 결심을 하게 되었다고 한다. 이렇게 하여 이루어진 것이 소위 제1차 결집(結集, saṅgīti)이다. 'saṅgīti'는 합송(合誦), 즉 대중이 함께 경전을 낭송하는 것을 말한다.

전통적으로 제1차 불교 결집은 고따마 붓다가 돌아가신 바로 그해 여름 안거 동안, 왕사성(王舍城, 현 인도 비하르주의 라지기르)의 죽림정사 인근에 있는 칠엽굴에서 마하 가섭 존자가 주재하고, 경전(sutta)과 계율(vinaya)은 각각 아난다(Ānanda)와 우빨리(Upāli) 존자가 구술했다고 한다. 고따마 붓다의 가르침과 순수한 공동체의 존속을 위해서 기존의 경율(經律, dhamma-vinaya)을 다시 점검, 확인하고, 앞으로도 흠결 없이 지키고 보존하자고 결의하는 절차였을 것이다.

간혹 이 제1차 결집에 대한 역사적 사실을 의심하는 학자들이 있다. 2500년 전에 벌어진 일에 대한 불교 공동체의 기록은 당연히 당시 사람들의 종교적 감성과 태도에 기반한 기억에 따라 생성된 것이다. 거기에 현대인의 정서에 반하는 영웅 서사와 신화적 요소가 첨가된 것을 인정하더라도 그 역사적 사실 자체를 부정할 수는 없다. 물론 현존하는 빨리어 경전이 여기서 한꺼번에 정비되었다고 볼 수는 없으나 이전에 없던 경전과 계율이 이때 비로소 제정된 것은 아니다.

먼저, 고따마 붓다의 열반에 따라 긴박하고 절실한 결집의 필요성이 있었다. 위대한 스승을 잃고 슬픔에 빠진 다수 대중의 동요를 가라앉히고 이후 청정 승가(僧伽)의 유지와 존속을 위해서 "법과 율을 스승으로 삼으라!" 하신 붓다의 유훈을 재확인하고 주지시켜야 했던 것이다. 또한 이 결집은 불교 공동체의 구성원들이 스승의 가르침을 온전히 기억하고 전승할 수 있음을 대외적으로 보여준 시위라고 할 수 있다. 즉, 안으로는 경전과 계율 속에 늘 스승이 함께하고 있음을 자각하고 다짐하는 행사였고, 밖으로는 붓다의 열반 후에도 공동체가 여전히 흔들림 없이 유지되고 있음을 과시하는 행사였던 것이다.

붓다의 열반이라는 엄청난 일을 치른 공동체가 아무런 사후 논의나 결정 없이 지나갔다는 것은 상상할 수도 없는 일이다. 거기다 율장 소품(小品, Cūḷavagga) 기사에는 제1차 결집이 끝난 뒤 이때의 결집 내용에 이의를 제기하고 반대하는 사람들에 관한 이야기가 있다. 여기 따르면 제1차 결집이 마무리된 후 뿌라나

(Purāṇa)라는 비구가 많은 휘하 대중을 이끌고 왕사성에 들어왔다. 가섭 존자가 그에게 제1차 결집의 경과와 내용을 알리고 이 결정 내용을 수용할 것을 권했다. 이에 대해 뿌라나 비구가 말한다.

> 여러 장로 비구들에 의해 행해진 법(法, dhamma)과 율(律, vinaya)의 합송은 훌륭하게 이루어졌습니다. 하지만 내가 세존께 직접 들은 것은 그와 다릅니다. 나는 내가 받은 대로 간수하겠습니다.
>
> susaṅgītāvuso, therehi dhammo ca vinayo ca. apica yatheva mayā bhagavato sammukhā sutaṃ, sammukhā paṭiggahitaṃ, tathevāhaṃ dhāressāmi.
>
> 〔Vin. II. p. 290〕

결집의 권위를 부정하는 것으로 읽힐 수도 있는 이런 내용조차 삭제하지 않고 전수한 율장 기록이 먼 훗날 제1차 결집의 역사성을 의심하는 학자들에게 내보이려고 써넣은 문장이라고 생각할 사람은 없을 것이다. 있지도 않은 일에 이의를 제기하고 반발하는 일은 없으며, 더구나 그것을 기록할 일은 더더욱 없다.

바나까 전통

고대 인도의 왕궁에는 '수따(sūta)'라고 불리는 사람들이 있었다고 한다. 그들은 끄샤뜨리야 전사들의 전투 장면을 기록하고 나중에 시나 노래로 엮어 부르기 위해 전장에 동행했다. 산스크리트 사전에는 이 수따를 '궁정시인' '전차의 마부' 등으로 설명하는데, 그들은 궁수의 마차를 몰면서 전투에 필요한 척후, 통신, 연락, 기록 등 요즘식으로 말하면 종군 기자의 역할을 했던 것으로 보인다. 인도 장편 서사시 『마하바라타Mahābhārata』에 나오는 산자야(Sañjaya)라는 인물에게 주어진 역할이 바로 그렇다. 그는 수백 리 밖 전장에서 현재 벌어지고 있는 전투 상황을 장님인 왕에게 구술하는 것으로 나오는데, 이런 그의 천리안은 이야기꾼의 전지적 시점을 말하는 것이다. 마찬가지로 『라마야나Rāmāyaṇa』에 나오는 라마(Rāma)의 쌍둥이 아들 꾸샤(Kuśa)와 라와(Lava) 역시 무사(武士)이자 동시에 음유시인인 수따의 일원으로 보인다. 이들 가운데 상당수는 곳곳을 떠돌며 전쟁 영웅과 신들의 이야기를 구연하는 배우이자 작가였을 것이다. 수 세기 동안 이들 수따의 입에서 입으로 옮겨진 여러 버전의 설화가 누군가의 손에 의해 모여 편집되고 기록으로 남은 것이 현존하는 『마하바라타』와 『라마야나』라고 보는 것이 학계의 중론이다. 어떤 학자는 "만약 『마하바라타』가 한 저자에 의한 단일 작품이라면, 그 저자는 위대한 현자이면서 동시에 천치요, 탁월한 예술가이자 어리숙한 현학자"라고 평하기도 했다(Maurice Winternitz, *Histroy of Indian Literature*, Motilal Banarsidass, 1981, p. 442). 이것은 한 작품 속에 같은 사안에 대한 너무 다른 관점과 주장, 견해가 뒤섞여서 도저히 갈피가 서지 않는 경우가 도처에 깔려 있기 때문이다.

5세기의 유명한 불경 주석가 붓다고사(Buddhaghosa)에 의하면 빨리어 경전 각 부(部, nikāya)는 초기 승가의 장로와 그 제자들이 나누어서 암기하고 낭송하며 구전하였다고 한다. 즉, 아난다(Ānanda) 존자는 장부(長部, Dīgha-nikāya)를, 사리불(Sāriputta) 존자는 중부(中部, Majjhima-nikāya)를, 가섭(Mahākassapa) 존자는 상응부(相應部, Samyutta-nikāya)를, 아나율(Anuruddha) 존자는 증지부(增支部, Aṅguttara-nikāya)를 맡아 제자들과 더불어 후대로 전승했다는 것이다. 이렇게 경전의 암기와 낭송을 전문으로 하는 비구를 바나까(bhāṇaka, 誦出家)라 한다. 아마도 이들 바나까 가운데 상당수는 위에 언급한 힌두 음유시인처럼 가사 한 벌과 바리때 하나를 들고 세상을 떠돌며 위대한 스승 고따마 붓다와 그분의 뛰어난 제자들, 그리고 훌륭한 도반들의 삶과 그들이 꿈꾸는 아름다운 세상에 대해 이야기했을 것이다. 나는 가끔 그렇게 방랑하는 수천 수만의 바나까를 상상하곤 했다.

내가 처음 성지 순례를 했던 1985년 겨울, 보드가야 마하보디 사원의 보리수 그늘에 앉아 있을 때였다. 모두 흰옷으로 차려입은 한 무리의 순례단이 경전을 낭송하며 대탑을 몇 바퀴 돌고 나서 내 가까이에 자리를 잡고 앉았었다. 차림새로 보아 스리랑

카나 방글라데시에서 온 불교도로 보였다. 무리의 지도자로 보이는 한 노인이 나지막하면서도 우렁우렁 울리는 목소리로 이야기를 풀어나갔다. 시간이 가면서 사위는 점점 엄숙하게 가라앉고 노인의 목소리는 힘을 더하는 듯했다. 무슨 이야기인지 알아들을 수는 없었지만 감동의 눈물을 흘리며 경청하는 그들의 표정은 너무 행복하고 뿌듯해 보였다. 나는 그 노인의 몸짓과 음성에서 옛적 갠지스 평원을 떠돌며 나무 그늘에 모여 앉은 동네 사람들에게 부처님의 출가와 수행, 깨달음을 구연하는 바나까들의 모습을 보았다. 어쩌면 그 노인과 나는 먼 옛날 실크로드 어디선가 스쳐지나갔을지도 모른다.

표준말과 방언

지금 우리가 아는 빨리(Pāli)어는 고따마 붓다의 생존시 중인도 마가다 지역에서 쓰인 언어일 것이라고 추정하여 마가다어(Māgadhī-bhāsā)라고도 한다. 이 시대 인도 각 지역에서 구어로 사용되던 여러 형태의 인도 아리안어를 통칭하여 프라크리트(prakrit)라 한다. 이들의 문법과 발음은 지역과 시대에 따라 쉽고 편리하게 동화한 특성이 있다. 이에 비하여 산스크리트어는 엄격한 문법 규칙에 따라 원형을 보존하며 변화를 인정하지 않으려 하는 지극히 보수적인 언어다.

내가 10년 넘게 머물며 공부했던 학과의 공식 명칭이 'The Department of Sanskrit and Prakrit'였다. 인도식으로 제대로 쓰고 발음하면 상스끄르뜨(sanskṛt)와 쁘라끄르뜨(prakṛt)라고 해야 될 것인데, 프라크리트가 일반인들이 사용하는 성 안팎의 민중어라면 산스크리트는 바라문 사제의 『베다Veda』나 『우빠니샤드Upanishad』, 그리고 역사가가 기록한 사적이나 문학작품에 쓰인 언어다. 프라크리트가 살아 있는 구어(口語)였던 데 반해 산스크리트는 언제 어디서도 구어로 쓰인 적이 없는 완전한 문어(文語)였다.

예를 들면 조선 임금이 한양 사투리, 즉 프라크리트로 궁시렁거리면, 그 내용을 실록에 기록할 때에는 한문, 즉 산스크리트로 바꿔 적는 것과 같다. 빨리어는 대략 2500년 전 무렵 중인도 지역의 방언(prakṛt) 가운데 하나다. 고따마 붓다께서는 당신의 말씀을 전파하는 데 사용될 언어를 특정 지역 방언으로 제한하지 않았다. 좋게 말하면 개방성, 융통성이라고 할 수 있지만, 핵심 메시지가 왜곡되거나 오해나 분란을 일으킬 소지가 다분했다. 따라서 이런 일을 막기 위해서 붓다의 가르침을 표준어로 고정시키려는 시도가 있었던 것으로 보인다. 율장 소품(小品, Cūḷavagga)에 이런 내용이 있다.

바라문 태생으로 언어에 특출한 재능을 가진 형제 비구, 야멜루(Yameḷu)와 떼꿀라(Tekula)가 있었다. 그들이 세존께 다가가 여쭈었다.

"세존이시여, 현재 우리 승가(僧伽)는 저마다 씨족(gotta), 태생(jacca), 혈통(kula)이 다른 사람들이 모여 있습니다. 저들은 각각 자기네 방언(sakāya niruttiyā)으로 부처님의 말씀(buddha-vacana)을 오염시킵니다(dūseti). 이제 저희들이 부처님의 말씀을 운문 산스크리트(chandasā)로 낭송하려(āropeti) 합니다."

이에 세존께서 꾸짖어 말씀하시기를, "어리석은 자들아(moghapurisā, 空者), 어떻게 감히 그렇게 말하는가? 그것은 아직 내 가르침 안에 들어오지 않은 사람들에게나 이미 우리 공동체에 들어온 자들에게 전혀 이롭지 않을뿐더러 오히려 등을 돌리게 할 것이다." 이렇게 나무라고 명하셨다. "비구들이여, 붓다의 말을 운문 산스크리트로 낭송하지 말라. 그리하는 자는 악행(dukkaṭa)을 범한 것이다. 그대들에게 허하니, 비구들이여, 붓다의 말은 각기 자기들의 말씨로(sakāya niruttiyā) 배우고 익히도록 하라."

〔Vin II. pp. 149-151〕

각기 출신 성분과 교육의 차이, 다양한 방언으로 부처님 말씀이 일관성을 잃거나 왜곡될 것을 염려한 바라문 형제의 진심을 충분히 이해할 수 있다. 그러나 이에 대한 붓다의 반응은 의외로 차가웠다. 여러 해석이 가능하지만, 나는 여기서 붓다의 자비심을 다시 읽는다. 우선, 당신의 가르침을 극소수 유식한 자들의 전유물인 산스크리트 운문으로 정형화하는 것을 거부한 것이다. 'sanskṛt'는 '정제된 것' 혹은 '정리된 것'이라는 뜻이다. 붓다의 가르침을 그렇게 잘 다듬어진 세련된 언어로 보존하기를 원하는 사람들이 있었다. 그러나 붓다께서 당신의 가르침을 특정 언어로 표준화하는 일에 반대하신 것은 배우는 사람을 위한 배려로 보인다. 불교를 공부하기 위해서 마가디 표준말을 배워야 하는 게 아니고, 가르치는 사람이 오히려 배우려는 쪽 말로 전하라는 것이다. 그러니까, 빨리어 원전만 온전한 경전이라거나, 한문 경전을 읽어야 진짜 경전 맛이 난다는 식의 말은 애당초 부처님의 생각이 아니라고 할 수 있다.

붓다의 재세(在世) 시대는 물론 열반 이후에도 수많은 바나까들이 온 세상을 떠돌며 성스러운 가르침을 그 지역 말로 설명하고, 사람들은 그렇게 기억했을 것이다. 중국의 불경 번역 초기에 들어온 원전은 산스크리트나 빨리어 경전이 아니었다. 간다라 지역어나 중앙아시아 언어로 쓰인 것들이었다고 한다. 어떤 바나까는 효과적인 내용 전달을 위해 사이사이에 약간의 양념을 뿌리고, 문맥에 어울리지 않는 구절을 생략했을 수도 있다. 어떤 이는 장황한 산문을 간결하고 운치 있는 시구로 바꾸기도 하고, 모호하고 난해한 운문을 쉽고 명료한 산문으로 고쳐 낭송하는 일도 있었을 것이다. 현존하는 경전은 그렇게 수 세기 동안 인도 대륙의 햇볕과 흙먼지에 빛바래고, 중앙아시아 사막의 모래바람과 설산의 얼음 맛을 품은 채 살아남은 것이라고 할 수 있다. 마찬가지로 아난다와 우빨리 존자가 제1차 결집에서 낭송하고 확인했던 내용이 고따마 붓다의 가르침 그대로였다고 치더라도, 그 내용이 기원전 1세기에 바다 건너 스리랑카에서 비로소 문자로 기록될 때까지 어떠한 변형이나 왜곡도 없이 전승되었다고 믿는 것은 너무 순진한 생각이다. 나는 지금 눈앞에 있는 이 빨리어 삼장(三藏, ti-pitaka)이 고따마 붓다의 위대한 깨달음뿐만 아니라 그후 거의 500년에 이르는 긴 세월 동안 수많은 선각자들의 숙고와 그에 따른 성취도 함께 녹아들어 있는 '집단 지성의 산물'이라고 믿는다.

산스크리트 경전의 출현

빨리어 삼장(三藏)이 확장을 멈춘 시대에 인도 불교도들 사이에서는 약간 다른 방향으로 아주 왕성한 창작 열풍이 일었던 것으로 보인다. 빨리어 경전이 산스크리트를 비롯한 여러 지역의 방언으로 번역되거나 전혀 다른 형식과 내용으로 전개되었을 수도 있다. 고따마 붓다의 전생과 성불을 다룬 『불소행찬佛所行讚, Buddhacarita』 『대사大事, Mahāvastu』 등의 대작이 나온 것이 기원전 2세기 무렵이라고 하며, 학계에서는 곧이어 팔천송 반야경과 『법화경』 일부가 제작되었을 것으로 추정하고 있다. 『화엄경』의 일부도 이 시기에 나타났다고 한다. 기원전 1세기 이후 여러 개의 단편으로 유통되던 유사한 성격의 짧은 경전들이 히말라야 산맥과 힌두쿠시산맥을 넘어 중앙아시아 어디쯤에서 『대방광불화엄경』이라는 이름으로 엮여 굳어진 것으로 보는 게 학계의 중론이다. 이와 비슷한 시기에 『해심밀경』 『아미타경』 『무량수경』 등의 경전이 나온 것으로 본다. 거듭 말하지만, 앞에 언급한 힌두 장편 서사시 『마하바라타』나 『라마야나』의 경우처럼 이 가운데 어느 경전도 누군가 한 사람이 일시에 썼다고 할 수는 없다. 상당한 세월에 걸친 숙고와 사색이 무르익고, 거듭된 시행과 수정을 거쳐 이루어진 결정이라고 보아야 할 것이다.

위에 언급한 『해심밀경』에 따르면 반야부 경전의 공성(空性, śūnyatā)의 가르침을 제2의 전법륜(轉法輪)이라 하고, 아뢰야식(阿賴耶識, ālaya vijñāna)과 유식(唯識, vijñapti-mātra), 그리고 유식 삼성

(唯識三性, trisvabhāva)을 설하는 『해심밀경』의 가르침을 제3의 전법륜이라고 주장했다. 이러한 변화와 주장에 대한 전통적인 남방 테라와다(Theravāda) 불교도들의 평가는 가혹했다. 근래에 들어 많이 완화되기는 했지만 스리랑카, 태국, 미얀마 등지의 승려들은 중국이나 티베트, 한국, 일본의 승려들을 자기들과 동격의 출가 승려로 인정하기보다는 특수한(?) 계층의 불자로 간주하려 했다. 거기다 대승 경전은 부처님의 말씀(buddha-vacana)이 아니라 자기네가 임의로 창작한 위경(僞經)으로 치부하려 했다. 앞에 언급한 빨리어 경전이 부처님의 말씀을 그대로 받아 적은 것이 아닌 다음에야 그 또한 비슷한 처지임에도 그들 눈에는 대승 경전의 비약을 도저히 부처님 말씀으로 간주할 수 없었던 것이다. 한편, 티베트 승려들은 니까야의 존재 자체를 모르는 경우가 허다하다. 그럼에도 2600년 불교사에 이단 논쟁이나 경전 해석에 대한 이견에서 비롯된 박해나 분쟁이 없었다는 것은 놀라운 일이다. 지난 1967년 세계불교도협회(World Buddhist Sangha Council, WBSC) 1차 대회에서 스리랑카의 왈폴라 라훌라(Walpola Rahula) 스님이 제안한 '대승·소승 불교도들을 통합하는 기본 사항'이 만장일치로 추인되었다. 그 내용은 다음과 같다.

부처님은 우리의 유일한 스승이며 길잡이십니다.

1. 우리는 불(佛)·법(法)·승(僧) 삼보(三寶)께 귀의합니다.

2. 우리는 어떤 조물주가 세상을 창조하고 지배한다고 믿지 않습니다.

3. 우리[불교도]의 삶의 목표는 모든 생명에 대한 차별 없는 자비심을 계발하고 모두의 이익과 행복, 평화를 위해 힘쓰며 궁극의 진리로 이끄는 지혜(paññā)를 증장하는 것입니다.

4. 우리는 사성제(四聖諦)와 연기법(緣起法, paṭicca-samuppāda)을 진리로 수용합니다.

5. 조건에 의해 형성된 것(有爲法, saṅkhāra)은 모두 무상(無常, anicca)하고 고(苦, dukkha)이며, 유위법(有爲法)과 무위법(無爲法)은 모두 무아(無我, anattā)입니다.

6. 우리는 37조도법(助道法, bodhipakkhiya-dhamma)을 부처님께서 깨달음으로 이끄시는 길로 수용합니다.

7. 깨달음에 이르는 세 길이 있습니다. 즉, 성문(聲聞, sāvaka), 연각(緣覺, pacceka-buddha), 정변지(正遍知, sammāsambuddha)의 길입니다. 우리는 온 중생을 구하는 삼마삼붓다가 되기 위한 보살도가 가장 고결하고 수승한 길임을 인정합니다.

8. 우리는 각기 다른 나라와 지역에서 실행되는 신행 활동을 인정합니다. 드러난 겉모습과 표현의 차이를 근원적인 교설의 차이로 혼동하지 말아야 합니다.

위에 '보살도가 가장 고결하고 수승한 길임을 인정한다'는 구절은 오해의 소지가 다분하다. 우선 이 말은 초기 경전과 대승 경전에 설해진 수행론에 우열이 있다는 뜻이 아니고, 아라한, 보살, 벽지불, 정등정각자 등의 용어가 성스러운 지위의 고하를 분별한다는 뜻도 아니다. 이런 지칭은 붓다의 열반 이후 여러 세기에 걸쳐 발생한 사회적 변화에 따라 불교 공동체 안팎에 일어난 이상적인 수행자 상에 대한 변화의 흔적이다. 이 모두를 한자리에 모아놓고 소승과 대승 간 사유의 우열을 따지는 것은 온당한 논의가 아니다. 빨리어 경전 어디에도 '보살도'에 관한 질문은 없을뿐더러 붓다께서도 아라한의 지위를 능가하는 보살의 수행에 관해 언급한 것을 찾을 수가 없다. 빨리어 경전에서 붓다께서 일관되게 가르치신 내용의 정점은 해탈 열반의 성취, 즉 아라한에 이르는 길이었다. 이것을 두고 왜 빨리어 경전에 '보살도'라는 용어가 나오지 않느냐고 묻는 것은, 구석기 유물에서 왜 구리 그릇이 발견되지 않느냐고 묻는 것처럼 어리석은 질문이다. '보살도'라는 생각 자체가 붓다의 열반 이후 상당한 세월이 지난 후에 출가 승려 집단과 재가 불자들 사이에 표면화된 불평등 문제에 대한 해결 방안으로 등장한 것이다.

부처님께서는 온전한 깨달음을 이루신 정등각자와 아라한의 차이에 대해 아래와 같이 말씀하신다.

"비구들이여, 아라한이시며 정등각자인 여래께서는 색·수·

상·행·식에 연연치 않으며 탐심이 없고, 그에 대한 집착을 여의어 해탈하였으므로 삼마삼붓다(sammāsambuddha, 正等覺者)라고 한다.

비구들이여, 통찰지로 해탈을 성취한 비구가 있어 그 또한 색·수·상·행·식에 연연치 않으며 탐심이 없고, 그에 대한 집착을 여의었기에 혜해탈(慧解脫, paññāvimutta) 아라한이라고 부른다.

그렇다면, 비구들이여, 아라한이시며 정등각자인 여래와 통찰지로 해탈을 성취한 혜해탈 아라한은 어떻게 구별(viseso)되며, 특이점(adhippayāsa)은 무엇이고, 어떻게 다른가(nānākaraṇa)?"

"세존이시여, 저희들에게 세존은 법의 근원이며, 길잡이요, 귀의처입니다. 세존께서 그 말씀의 의미를 친히 밝혀주십시오. 새겨듣고 잘 간직하겠습니다."

"비구들이여, 잘 새겨들으라, 말하리라."

"그렇게 하겠습니다, 세존이시여."

세존께서 말씀하셨다. "비구들이여, 아라한이시며 정등각자인 여래는 이전에 없던 길을 만든 사람(uppādetar, sañjanetar), 말(說)한 적 없는 길을 설한 사람(akkhāta), 길을 잘 아는 사람(maggaññū), 길에 능숙한 사람(maggavidū), 길에 통달한 사람(maggakovida)이다. 그리고 제자들은 그 뒤를 따라 길을 가는 자들이다. 비구들이여, 아라한이시며 정등각자인 여래와 통찰지에 의해 해탈을 성취한 혜해탈 아라한은 이렇게 구별되며, 이렇게 특별하고, 이렇게 다르다."

〔SN. III. pp. 65-66. *Sammāsambuddha-sutta*〕

이 경전의 설명에 따르면 붓다 당신은 앞서 길을 발견하고 가르치신 스승으로, 뒤따르는 제자 아라한들 사이에 깨달음과 둑카의 해결에 이르는 통찰에 있어 어떤 차이를 두려고 하지 않았던 것으로 보인다. 말할 것도 없이 만나는 사람들 저마다의 독특한 성향을 간파하고〔sattānaṃ nānādhimuttikataṃ yathābhūtaṃ ñāṇaṃ〕, 그들 각각의 능력에 맞게 가르치는 지혜〔indriya-paropariyattaṃ yathābhūtaṃ ñāṇaṃ〕에 있어 그 깊이와 폭이 제자 아라한들과 다르다는 점은 주지의 사실로 보인다. 그러나 이것은 아라한과 보살의 지위 고하와는 전혀 무관한 일이다. 혹여라도 관세음, 문수, 보현 등 대승 보살과 사리불, 목갈라나, 가섭, 아난다 등 빨리어 경전 속 부처님의 아라한 제자들의 지위를 비교하여 논하는 일은 없어야 한다는 말이다. 대승 경전에 등장하는 거룩한 대보살들은 누구와 비견할 수 있는 역사적 인물이 아니라 나름의 특수한 사회 문화적 상황 속에 있는 대중이 간절히 마음속으로 그린 이상적 인간상이다.

사람들은 대개 오랫동안 같은 이야기를 거듭 듣다보면 거기에 젖어 그것을 당연한 것으로 치부하게 되는 수가 있다. 우리나라 불교도들이 갖고 있는 남방 테라와다(Theravāda) 불교에 대한 편견도 그 가운데 하나다. 직접 경험해보지도 않은 수행 전통에 대해 소승 혹은 원시 불교라는 딱지를 붙여 폄훼하는 것이다. 부처님께서 제자들의 이해력이 충분하지 못했던 설법 초기에는 빨리어로 쉽게 말씀하셨고, 대중의 지적 수준이 향상된 후기에는 산스크리트어로 대승 경전을 설하셨다는 달라이라마의 녹화 강연을 보고 눈과 귀를 의심할 수밖에 없었다. 어떻게 저런 말씀을 하실 수가? 대체 어디서 누구한테 배운 것일까? 이런 식의 대승 우월주의자들을 접하는 것은 비교적 흔한 일이다. 역으로, 나를 포함한 내 주위의 도반들 가운데는 빨리어 경전의 순수성을 찬탄하는 니까야(Nikāya) 순혈주의자들이 많다. 그러나 빨리어 경전 순수주의나 대승 우월주의 모두 도를 넘으면 바보가 된다는 점에서는 마찬가지다. 내가 아는 대승 불교도들이 생각처럼 대승적이지도 않거니와 가난한 남쪽 나라 소승권 수행자들도 세상과 담쌓고 오직 자신의 도 닦는 일에만 골몰하는 게 아니다.

외도, 위경, 이단

경전에 자주 언급되는 '외도'는 부처님 당시 인도의 육사외도를 비롯한 이교도를 가리키는 말이다. 이들의 가장 큰 특징은 창조신 혹은 조물주를 비롯해서 영원하고 변치 않는 아뜨만을 주장하고 고집한다는 점이다. 여기에 더해, 특히 불교가 비판하고 배격한 외도들은 운명 결정론자와 윤리적 책임을 회피하며 내생과 인과를 부정하는 유물론자들이었다. 저 외도, 'titthiya'라는 단어는 애초 강변의 '목욕장' '나루터'를 뜻하는 'tittha'의 변형인데, 이 험한 고해(苦海)를 건너 피안으로 가는 '나루터'라는 말이다. 그러니까 외도는 '우리와 다른 부두에서 다른 목적지로 가는 배를 기다리는 사람들'이다. 그런데, 대승과 소승이 이교가 아니라면, 앞에서 왈폴라 라훌라 스님이 말한 '드러난 겉모습과 표현의 차이'에도 불구하고 대승과 소승 사이에 근본적으로 다르지 않은 공통 요소는 무엇일까? 우리는 같은 목적지를 향하여, 같은 항해술을 사용하는가?

모든 경전은 "evaṃ me sutaṃ - ekaṃ samayaṃ bhagavā ○○○ viharati"라는 구절로 시작된다. "나는 이렇게 들었습니다. 세존께서 ○○○에 계실 때(如是我聞 一時佛 ○○○)"가 그 대목이다. 그 경전이 언제, 어디서, 누구를 상대로 어떤 연유로 설해진 것인지를 밝힘과 동시에 그 내용이 가감 없는 역사적 사실이라고 교단의 지도자들이 공인하고 전승해 내려왔다는 의미다. 그러나 앞에서 이야기한 것처럼 고따마 붓다의 열반 후 500년에서

1000년에 이르는 시기에 제작된 산스크리트 경전도 똑같은 말로 시작한다. 더 헷갈리게 하는 것은 어떤 경전에서 애써 강조한 내용이 다른 경전에서는 부정되거나 번복되기도 하고, 상호 모순으로 보이기도 한다는 점이다. 장황한 꾸밈말, 반복되는 전문용어의 나열과 비유의 숲을 헤집고 다니다보면 때로는 본줄기를 놓치는 수도 있다.

경전은 기본적으로 고따마 붓다가 꿰뚫어 본 세상과 인간의 실상을 묘사한다. 세계와 우리네 살림살이의 속사정이 그러하니 거기에 합당하게 살아나갈 길을 가리키고 있다. 고따마 붓다가 깨달은 세계의 근본 원리는 '모든 존재가 조건에 의해 생성, 변화, 소멸한다'는 연기(緣起)의 원리라고 했다. 즉, 팔만대장경을 관통하고 있는 마스터 라인, 중심 먹줄은 연기의 원리다. 그래서 '연기를 보는 자는 법을 본다'라거나, '연기를 보는 자 붓다를 본다'라고 하신 것이다.

불교가 제시한 이상적 인간상, 깨달은 사람, 붓다를 가리키는 여러 칭호 가운데, '명행족(明行足, vijjā-caraṇa-sampanna)'이 있다. 이는 인간과 세계에 대한 바른 지견(知見)과 그것을 실제 삶으로 구현하는 실천력을 겸비한 사람이라는 뜻이다. 그러나 불교는 실천 이전에 먼저 세계를 바로 알아야 한다고 거듭 강조한다. 불교적 실천의 바탕을 지혜와 자비라고 하는데, 마음 깊은 곳에서 이를 일으켜 세우고 키워나가는 부단한 노력이 곧 수행이다. 수행은 단순히 집중과 통찰력의 계발로 그치는 일이 아니다. 공감 능력이 빠진 판단은 부처님이 말씀하신 지혜일 수 없으며, 사안에 대한 바른 이해와 결단이 빠진 선행을 자비행이라고 하지는 않는다.

앞에서 이야기한 것처럼 대승·소승 경전을 일관하는 중심 먹줄은 연기의 원리다. 삼법인(三法印), 공(空), 무아(無我) 등은 저 연기의 원리가 다른 시기, 다른 정황에서 드러내는 여러 얼굴 가운데 하나일 뿐이다. 이 연기의 원리를 바로 알고 그것을 구체적인 삶에 그대로 실현하려는 노력을 통칭하여 수행이라고 하며, '사마타-위빳사나'는 중요한 여러 방법 가운데 하나다. 이들 수행을 통해서 불교도들이 이루고자 하는 것은 곧 정신적 속박에서의 자유, 해탈이다.

어떤 불교학자는 불교사에 혁신은 없었다고도 했다. 그 말은 니까야의 팔정도(八正道)와 대승 경전의 육바라밀(六波羅蜜)이, 무아와 공이, 아라한과 보살이 전혀 다른 것으로 보이지만 실은 번데기와 나비, 올챙이와 개구리가 같은 생명체이듯이, 그 또한 오랜 세월 동안에 벌어진 미세한 적응의 결과이며 다르게 보이기만 할 뿐 근본은 같다는 것이다. 그러나 대승과 소승이 공히 인정하는 중심선인 연기의 원리를 벗어나는 것은 불교의 정체성을 포기하는 것이다. 니까야의 무아(無我, anattā)와 대승 경전의 공성(空性, suññatā)은 연기의 다른 얼굴이다. 대승과 소승의 모든 경전은 이고득락(離苦得樂), 즉 해탈(解脫, vimutti)을 그 목적지로 한다. 그 목적지와 항해술에 관한 바른 지견이 곧 불교가 말하는 지혜, 즉 반야(般若, paññā)다. 이 반야를 가꾸어 기르고 검증하는 과정을 수행이라 한다. 위빳사나로는 깨달음에 이를 수 없다고 말하는 사람은 화엄경의 '사마타-비발사나(奢摩他-毘鉢舍那)'가 바로 'samatha-vipassanā'의 음사라는 것을 미처 모른 것이다. 예전에 우리 할머니, 동네 어머니들이 어쩌다 얼굴에 발랐던 '구리무'가 유지방 크림(cream)의 일본식 발음이라는 것을 모르고 썼던 것이나 마찬가지다.

길게 돌고 돌아 늘어놓은 이야기를 정리하면, "언제 어디서 누구의 입에서 나왔건 무상, 고, 무아, 연기의 먹줄 위에서 수행을 통한 이고득락과 따뜻한 공동체를 설파하는 것이라면 부처님의 가르침으로 인정할 수 있다"는 것이다. 우리가 아는 『대승기신론』은 사실상 인도가 아닌 중국에서 만들어졌으며, 저 유명한 『금강삼매경』은 먼 옛날 조선 반도에서 만들어져 중국, 티베트, 인도로 역수출한 것이다.

그런 뜻에서 나는 예전 훈장 시절, 신입생 첫 강의 과제로 경전을 한 편씩 지어서 발표하게 했었다. "만약 부처님께서 오늘 해거름녘에 종로에 오시면, 지나가는 비구에게 회개하고 자기네 아버지를 믿으라고 열을 내는 열혈 전도사, 취업 면접에서 뱉은 엉뚱한 답에 스스로 낙담한 청년, 지하철역 노숙자, 늦은 시간과외 수업을 마치고 돌아가는 수험 준비생에게 어떤 위안의 말씀을 들려주실까?" 등등 여러 예를 제시하고 미리 이야기 얼개를 귀띔해주어도 결과는 늘 빈약했다. 20년 가까이 같은 과제를 반복했는데, 맘에 쏙 드는 작품을 본 적이 없다. 거기다 제출한 과제물의 형식 또한 한결같이 '如是我聞'으로 시작해서 '信受奉行'으로 마감하는 식이었다. 『반야심경』처럼 앞뒤 다 잘라내는 일은 감히 상상도 못하는 것이다. 경전의 여백 혹은 노트 여기저기에 내가 적어둔 21세기 불경을 언젠가 책으로 엮어볼 생각이다.

붓다께서는 이렇게 역설하셨다. "예나 지금이나 나는 다만 둑카(苦)와 둑카를 끝장낼 일을 설할 뿐이다[pubbe cāhaṃ bhikkhave, etarahi ca dukkhañceva paññāpemi, dukkhassa ca nirodhaṃ]." 고따마 붓다의 이모이자 양모인 마하 빠자빠띠 고따미는 출가한 지 얼마 되지 않았을 때 붓다에게 가르침을 요약하여 말씀해주시기를 청하였다.

"세존이시여, 제게 간략하게 법을 설해주십시오. 잘 새겨두고 한적한 곳에 들어가 열심히 정진하며 지내겠습니다."

"고따미 님, 어떤 것이 탐욕을 부추기고 윤회의 사슬을 옥죄는 것이라면, 고뇌의 조건을 늘려가는 것이라면, 바라는 것을 오히려 키우고 불만으로 이끄는 것이라면, 삶을 번거롭게 하고, 게

으름에 빠뜨리며, 감당하기 어렵게 만드는 것이라면 그런 것들은 법(法, dhamma)이 아니고, 율(律, vinaya)도 아니며, 스승의 가르침(satthusāsana)이 아니니 취해서는 안 될 것입니다.

하지만, 고따미 님, 어떤 것이 탐욕이 아닌 이욕(離欲)으로, 매듭을 푸는 쪽으로, 윤회의 조건을 줄이며, 만족으로 이끌고, 한적한 평화로, 열심히 정진하는 방향으로, 감당하기 쉬운 쪽으로 이끄는 것이라면 그것이 바로 법이요, 율이며, 스승의 가르침이니 온 힘을 다해 지켜야 합니다."

〔AN. IV. pp. 280-281〕

보살

보살(菩薩)은 '보리살타(菩提薩埵, bodhi-satta)'의 줄임말이다. 여기 'bodhi-satta'의 'bodhi'는 '깨어나다' '배우다' '이해하다' 등을 의미하는 동사 어근 'budh'에서 파생된 단어로 '깨달음' '지혜'를 뜻하며, 'satta'는 '생명체' '존재'를 뜻한다. 따라서 보살은 '깨친 사람'이라는 말이다. '붓다(buddha)'라는 용어 또한 같은 어근에서 파생한 것으로 '깨친 사람' '미몽에서 깨어난(awakened) 사람'을 뜻하는 보통명사다. 그중에서도 '보살'이라는 용어는 초기 불교 빨리어 경전에도 보이는데, 이는 거의 전생 또는 성도 이전의 고따마 싯다르타를 가리키는 말로 쓰였다. 대승 경전에서 보살은 '자신의 해탈 열반에 안주하지 않고, 더 많은 대중의 깨달음을 위해 신명을 다하겠다고 다짐한 사람'을 말하며, 이렇게 자비와 지혜를 실천하겠다고 다짐하고 그렇게 사는 사람을 출가와 재가의 구분 없이 보살이라고 부른 것이다.

빨리어 경전에서도 보살이라는 용어 자체는 '깨친 사람'이지만 '앞으로 삼마삼붓다(sammā-sambuddha), 즉 완전한 깨달음을 성취할 사람'을 암시한다. 초기 대승주의자들은 탐·진·치 삼독심에서의 자유(解脫, vimutti)를 성취한 아라한을 최상의 성취로 여기는 전통 교단의 소수 엘리트 출가 수행자들과 자신들을 구별하려 했다. 비록 수행자 자신의 목표를 이루었더라도 자기만의 해탈 열반에 안주하고 대중의 고통과 신음에 귀기울이지 않는 것은 부처님의 제자가 취할 태도가 아니라고 생각한 것이다.

그들은 자애(慈, mettā)와 연민(悲, karuṇā)이 공동체를 밝고 따뜻하게 하는 바탕이라고 보았다. 종교의 대 사회적 역할에 대한 자각과 반성이라고 할 수 있다.

이렇게 발생한 것이 곧 대승 불교의 핵심 사상인 보살도다. 따라서 스스로 보살을 '상구보리(上求菩提) 하화중생(下化衆生)', 즉 '위로는 깨달음을 추구하고, 아래로는 중생과 더불어 살아가는' 깨어 있는 사람이라고 정의하였다. 보살은 이렇게 다른 사람들과 함께 깨달음을 이루고 더 나은 세상을 만들기 위해 사바세계(sahā-loka)를 선택한 이타적인 사람이다. 보살도는 대승 사상의 핵심이다. 즉, 모든 중생이 고해에서 벗어날 때까지 자신의 성불을 미루고 온 중생이 불국토에 나기를 발원하고 수행하는 길을 선택한 것이다. 이런 아이디어는 대중에게 강력한 인상을 심어주었다. 자기희생적인 보살의 삶은 달관한 은둔자나 유유자적하는 지성인들의 이상과는 전적으로 달랐다. 후대 중국에서 깨친이의 현실 참여를 입전수수(入廛垂手)라고 표현하였다. '저잣거리에 발을 들여놓는다'는 것은 세상과 어우러져 하나가 되었다는 말이다.

바람직한 수행자의 삶은 일신의 해탈에 그치지 않고 다른 사람들과 함께 고통스러운 현실세계(saṃsāra)에 머물며 더불어 성장하고 변화할 길을 모색하는 이타적인 길임을 자각하고 그렇게 실천하는 것이다. 초기 경전에서 제시한 수행의 목표가 팔정도의 완성이었다면 대승 보살의 이상은 육바라밀, 즉 보시(布施), 지계(持戒), 인욕(忍辱), 정진(精進), 선정(禪定), 지혜(智慧)의 완성(pāramitā)이었다. '바라밀'이라는 용어는 빨리어 경전에서도 쓰였다. 『본생담本生談, Jātaka』의 거듭된 전생 이야기는 고따마 싯다르타가 이룬 무상정등각(無上正等覺, sammā-sambuddha)이 이번 생에 뚝딱 이루어진 게 아니라, 수많은 생을 거치면서 실천한 자비, 인욕, 희생과 베풀고, 내려놓고, 헌신하는 십바라밀 실천의 결실임을 역설하고 있다. 대승 경전에는 이렇게 고통받는 다른 생명들을 위해 기꺼이 자신을 희생하여 베풀고 가르치며 봉사하는 대표적인 보살로 관세음(觀世音, Avalolkiteśvara), 지장(地藏, Kṣitigharba), 미륵(彌勒, Maitreya), 문수(文殊, Mañjuśrī) 등이 등장한다.

『반야심경』에 나오는 관세음보살은 사리불(舍利佛, Sāriputta)에게 대승 보살도의 근본인 온전한 지혜란 무엇인가를 밝히는 스승이다. 사리불은 고따마 붓다의 십대 제자 가운데서도 지혜 제일로 추앙되는 분이자 남방 상좌부(Theravada) 불교권에서는 아비담마의 창시자이며, 목갈라나 존자와 더불어 부처님의 좌우보처로 중시되는 분이다. 따라서 초기 대승 경전 작가들은 의도적으로 사리불 존자와 수보리(須菩提, Subhūti) 존자를 보살 스승들에게서 대승적 반야와 공(空)의 도리를 배우는 제자로 등장시킨 것으로 보인다.

제4부

『반야심경』

『반야심경』에 대해

불교를 잘 모르면서도 『반야심경』의 첫머리 부분을 따라 웅얼거리는 사람을 가끔 본 적이 있다. 돌아보는 내 눈과 마주치면 조금 멋쩍어하며 그게 무슨 말이냐고 묻곤 한다. 실은 나도 행자 시절, 그게 무슨 내용인지 전혀 짐작도 못한 채 공양간에서 부지깽이 장단에 맞추어 익혔다. 익혔다는 말은 경전이 담고 있는 부처님의 메시지나 교훈은 아예 생각 밖이고 박자와 운율에 맞춰 다만 소리로 기억했다는 뜻이다. 가사 속에 숨겨진 독특한 정서, 배경 등은 아랑곳없이 그저 흥얼거린 팝송 〈프라우드 메리〉와 다를 것 없는 일이다.

불교학자들은 『반야심경』의 성립과 전래, 번역에 관해 여러 의문을 품고 있었다. 이 분야의 가장 두드러진 연구가들 가운데 한 사람인 에드워드 콘즈(Edward Conze)는 반야부 경전이 소품 반야경(팔천송 반야경, Aṣṭa-sāhasrikā-prajñā-pāramitā-sūtra)을 시작으로 대품 반야경(이만오천송 반야경, Pañca-viṃśati-sāhasrikā-prajñā-pāramitā-sūtra), 십만송 반야경(Śata-sāhasrikā-prajñā-pāramitā-sūtra) 등 점차 양적으로 확장된 것으로 추정했다. 그리고 언제부턴가 『금강경』 등으로 다시 줄어드는 과정에 들었는데, 이 『반야심경』은 그렇게 줄어드는 단계의 후기에 등장한 경전이라고 보았다.

그러나 이미 오래전부터 여러 사람이 알고 있는 비밀 아닌 비밀이 있었다. 구마라집(鳩摩羅什, Kumārajīva, 344~413)이 번역한 대품 반야경, 즉 『마하반야바라밀경』의 「습응품」에 『반야심경』의 핵심 부분과 일치하는 단락이 있다는 사실이다. 이 분야에 전혀 문외한이라도 현존하는 구마라집 역과 현장 역 『반야심경』이 바로 위에 언급한 한 단락과 그대로 맞아떨어지는 것을 한눈에 알아볼 수 있다. 이 점에서 하나의 의문이 생긴다. 즉, 『반야심경』은 애초 독립된 경전으로 들여와 번역된 것이 아니고, 누군가에 의해 위 대품 반야경의 한 문단을 잘라 떼어내어 낭송하다가, 종내에는 하나의 경전으로 간주하게 된 것이 아닐까?

국내의 일반 불교도들에게는 잘 알려지지 않았지만, 이미 오래전에 미국의 불교학자 잰 내티어가 『반야심경』이 위경(僞經)일 가능성을 제기하는 논문(Jan Nattier, "The Heart Sūtra: A Chinese Apocryphal Text?" *Journal of the International Association of Buddhist Studies* 15, no. 2, 1992, pp. 153-223)을 발표하고, 그에 따른 학계의 논박이 이뤄진 적이 있다. 나 역시 개인적으로 산스크리트본 『반야심경』의 유통에 의문을 품고 있던 터여서 잰 내티어의 논문을 읽자마자 그 내용에 쉽게 공감할 수 있었다. 처음 그 논문을 읽은 것이 20년이 넘은 일이다. 다시 보아도 꼼꼼한 분석과 치밀한 논증에 믿음이 간다.

신수대장경(新脩大藏經)에 실린 『당범번대자음반야바라밀다심경唐梵飜對字音般若波羅蜜多心經』(No. 256)과 『관세음지험기觀世音持驗紀』(No. 1542), 두 기록에 당나라 삼장법사 현장(玄奘, 602~664)에 관한 흥미로운 내용이 있다. 특히 『당범번대자음반야바라밀다심경』은 "산스크리트본 『반야심경』은 당나라 삼장의 번역(梵本般若多心經者 大唐三藏之所譯也)"이라는 문장으로 시작하고 있는데, 이에 대해서는 일본과 중국 학자들 간에 약간의 논박이 있었다. 위 돈황에서 발견된 한자로 음사한 산스크리트 『반야심경』이 현장의 번역이 아니라는 주장과 본래 현장의 번역이지만 이후 약 100년 뒤 인도 출신 역경가 불공(不空, Amoghavajra, 705~774)이 윤문했을 것이라는 주장이 오고간 것이었다. 이 논란에 대한 언급은 여기서 멈추지만, 한 가지 명확한 사실은 이미 오래전부터 이 산스크리트 『반야심경』이 중국에서 역번역되었음을 알고 있었다는 점이다. 위에 언급한 두 기록에 약간의 다른 점이 있으나 현장에 관한 내용을 요약하면 다음과 같다.

> 현장이 당나라 태종 정관 3년(629년) 인도로 가는 길에 사천의 익주(益州) 공혜사(空惠寺)에 머물고 있었다. 거기서 아주 심하게 병들어 피고름으로 범벅이 된 노승을 만났다(見一老僧 遍體瘡痍膿血). 현장의 사정을 알고 노승이 말했다. "가는 길이 무척 험할 것이오. 나에게 삼세제불의 심요 법문이 있으니, 이것을 수지하면 가는 길에 도움이 될 것이오(逞途多難 去也如何 我有 三世諸佛 心要法門, 師若受持 可保來往)." 그렇게 그분께서 심경을 가르쳐주고(口授) 현장에게 외우도록 했다(僧口授 多心經 一卷 令奘誦之). 그는 어려움에 처할 때마다 마음속으로 심경을 외웠고(憶而念之

四十九遍) 난관을 헤치고 날란다(那爛陀寺)에 도착하게 되었다.

전문 연구가들이 시도해봄직한 가장 중요한 작업은 대품 반야경의 산스크리트 원본과 산스크리트 『반야심경』을 비교 분석하는 작업이다. 여기에 더해 역경에 관계된 역사 기록, 경전 목록, 구마라집과 현장에 관한 다양한 기록이 중요한 정보를 제공할 것이다. 앞에 언급한 미국 학자 잰 내티어 논문이 바로 이 작업의 결과다. 이 논문의 주요 내용을 정리하면 아래와 같다.

1. 누군가에 의해 추출된 대품 반야경의 한 대목이 마치 한 경전처럼 유통되고 있었다. 현장도 이를 획득하여 수지(受持)하고 있었다. 이것이 현재 유통되고 있는 현장 역 『반야심경』으로 추정된다.
2. 누군가 이를 산스크리트로 역(逆)번역하였다.
3. 이렇게 유통되던 산스크리트본에 전통적인 경전 구조에 맞도록 서분(序分, 도입부)을 첨가하고, 말미에 찬탄과 널리 퍼트릴 것을 당부하는 유통분(流通分, 결말)을 덧붙여서 경전의 형식을 갖추어 장본 『반야심경』이 제작되었다.

이렇게 형성된 『반야심경』을 편의상 '장본(長本)'이라 부르도록 하자. 현재 유통중인 산스크리트본의 원문과 저자의 우리말 번역을 이 책의 부록에 실었다.

인도에 『반야심경』 주석서가 출현한 것은 중국보다 2세기 이후의 일이며, 중국에서 유통된 『반야심경』 주석서는 모두 현장 역, 즉 단본(短本)에 대한 주석이다. 구마라집이나 현장의 역경 목록은 물론, 이후의 경전 목록 어디서도 『반야심경』의 역경에 관한 기록을 확인하지 못했다고 한다. 이 논문에서 잰 내티어는 현재 유통되는 산스크리트본 『반야심경』과 두 편의 대품 반야경, 즉 6세기경 전적으로 추정되는 Gilgit본과 19세기에 출간된 네팔본을 비교했다.

이 논문에서 내티어는 주로 문헌학적 증거를 바탕으로 산스크리트본과 한문본 대품 반야경의 관계 흐름이 일정한 순서로 그려질 수 있음을 입증하려고 했다. 즉, 산스크리트본 이만오천송 반야경, 구마라집 역 대품 반야경, 현장 역 『반야심경』의 순서로 말이다. 이외 다른 방향을 가정하는 것은 극복할 수 없는 어려움을 초래할 것이다. 또는 최소한 상당히 복잡한 과정을 가정해야 하며, 거의 가망 없는 일로 보인다.

다음으로 잰 내티어는 한문본 『반야심경』이 인도로 전해진 일에 현장의 역할이 있었다는 것을 논증하려고 한다. 현장이 이 경전과 관련이 있다는 정황 증거, 특히 인도로 가는 길에 그 경전을 수지하고 낭송했다는 기록은 산스크리트본 『반야심경』이 실제로 한문본의 번역이라고 추정하는 필수 조건은 아니지만,

그가 이 경전을 인도로 전했을 가능성이 높은 인물이라고 믿기에 충분하다.

그러나 의문의 여지가 없는 것은 『반야심경』이 인도에서 주석의 대상이 되기 훨씬 전에 중국에서 이미 상당한 인기를 얻었으며, 현장 역 『반야심경』은 7세기부터 현대에 이르기까지 동아시아 불교에서 중요한 역할을 유지해왔다는 사실이다. 그리고 설령 『반야심경』이 기술적인 의미에서 '위경(僞經)'이라는 생각, 즉 그것이 어떤 중국인이 대품 반야경에서 발췌한 내용에 서분(序分)과 유통분(流通分)이 덧붙여져 별도의 경전으로 제작, 유통되었다는 생각을 받아들이더라도 경전의 가치가 훼손되는 것은 아니다. 부처님께서 말씀하셨다. "그것이 어떤 것이든 속박이 아닌 해탈에 도움이 되는 것은 모두 나의 가르침이다."〔Vin II. p. 258; AN. IV. p. 280〕 사실상, 『반야심경』은 헤아릴 수 없이 많은 동아시아와 인도, 티베트 불교도들에게 바로 그러한 역할을 해온 것이다.

존 맥레이는 「선(禪) 주석서들」이라는 기사의 첫 줄에 "『반야심경』은 중국 경전이다"라고 썼다(John R. McRae, "Ch'an Commentaries on the Heart Sūtra: Preliminary Inferences on the Permutation of Chinese Buddhism," *Journal of the International Association of Buddhist Studies* 11, no. 2, 1988, p. 87). 그는 이어 『반야심경』이 중국 불교 사상과 실천에서 차지하는 중요성과 주석가들이 이를 활용한 다

양한 방식에 대해 세심하게 분석하였다. 돌이켜보면 그의 말은 예언적이었다. 불교 전적과 불교학자들의 작업에서 신화를 제거하는 일로 수년을 보낸 후, 나는 이제 독자들에게 저 말을 비유적인 의미가 아니라 문자 그대로 받아들이라고 촉구하는 입장에 섰다. 『반야심경』은 사실상 모든 의미에서 중국 경전이다.

첫번째 마당

마하반야바라밀다심경
摩訶般若波羅蜜多心經
*Prajñā-pāramitā-hṛdaya-sūtra**

Oṃ namo Bhagavatyai Ārya-Prajñāpāramitāyai!

관자재보살이 반야바라밀을 깊이 실천할 때, 오온(五蘊)이 모두 공한 것을 조견(照見)함으로써 일체 고액을 극복할 수 있었다.
觀自在菩薩 行深般若波羅蜜多時 照見五蘊皆空 度一切苦厄.
Ārya-Avalokiteśvaro bodhisattvo gambhīrāṃ prajñā-pāramitā-caryāṃ caramāṇo vyavalokayati sma: pañca-skandhās tāṃś ca svabhāvaśūnyān paśyati sma.

사실, 반야심경의 이 첫 대목이 핵심 메시지 모두를 담고 있다고 할 수 있다. 차근차근 짚어보기로 하자.

관자재보살

관자재보살은 관세음보살의 다른 이름이다. '관세음(觀世音)'

---

* 산스크리트 텍스트의 출처는 다음과 같다.
Edward Conze, *Buddhist Wisdom Books*, London: George Allen&Unwin, 1958, pp. 77-102.

이라고 번역된 'Avalokita-svara'는 '내려다보다'를 뜻하는 동사 'avalokayati'의 과거분사 'avalokita'에 'svara(소리)'를 더한 것이다. 직역하면 '소리를 내려다보는 분'인데 '고통받는 중생들의 신음소리를 자비심으로 꿰뚫어 보는 분'으로 해석되었다. 후대에 오면서 뒷부분 'svara'가 'īśvara'로 변했다. 'īśvara'는 '지배자' '왕' '주인님'의 뜻도 있지만 쉬바, 비쉬누, 브라흐만 등 바라문교의 최고신을 가리키는 것이어서 '자재(自在)'라고 번역되었다. 이 'Avalokita-īśvara'는 앞 단어의 마지막 음절 'ta'와 뒤 단어의 첫 음절 'īś'가 합해지면서 'teś'가 되어 'Avalokiteśvara'가 되었다. '관자재(觀自在)'로 번역되는 이 'Avalokiteśvara'라는 말은 7세기 이전의 인도 전적에 쓰이지 않았던 것으로, 이는 훗날 바라문교의 영향이 불교 경전 속에 스며든 하나의 예다. 애초 중생들의 신음소리에 귀기울이는 대승 보살이 중생들의 삶에 모종의 힘을 행사하는 지배자나 구세주 냄새를 풍긴다는 것은 달갑지 않은 퇴색으로 보인다.

나는 개인적으로 부처의 신격화나 타력 신앙의 기미를 애써 외면해왔다. 빨리어 경전에도 '신심(信心, saddhā)'이라는 용어가 빈번하게 쓰인 것은 사실이다. 그러나 나는 그 용어를 사안에 대한 온전한 이해를 바탕으로 그렇게 실천함으로써 부처님이 성취하신 것과 같은 결과를 이룬다는 '확신'을 말하며, 흔들림 없이 그렇게 실행하리라는 '결연한 의지'를 뜻한다고 본다. 부언하면, 불경에서 말하는 신심은 부처님 말씀이니까 우선 믿고 보는 것이 아니다. 그 문제의 실상은 이러이러하다는 통찰과 그에 합당한 실천을 통하여 문제를 온전히 해결할 수 있다는 확신과 반드시 그렇게 풀어내겠다는 결단을 아울러 '신심'이라 이르는 것이다.

관세음보살을 고해에서 중생들을 구제하는 구세주로 볼 것인지, 이상적인 구도의 본보기로 삼을 것인지는 순전히 개인의 기질이나 성향의 문제다. 그러나 초기 경전을 끼고 살아온 나로서는 후자가 고따마 붓다가 걸었던 길이라고 생각하고, 그렇게 주장한다. 차치하고, 관세음보살은 『법화경』과 『화엄경』은 물론 반야부 경전에도 자주 나오는 가장 대표적인 대승 보살이다. 특히 대세지보살과 함께 서방정토 극락세계 아미타불의 협시보살로 등장한다. 관세음보살은 '대자대비(大慈大悲) 관세음보살'로도 불리는데, 이는 자(慈)·비(悲)·희(喜)·사(捨)의 사무량심(四無量心) 가운데 자비(慈悲)를 의인화하여 전면에 내세우면서 대승 보살의 자비심을 더욱 강조한 것이다.

주지주의

앞에서 거듭 언급한 것처럼 불교의 수행 원리와 윤리적 행위의 근거는 인간과 세계의 실상을 바로 알고, 아는 그대로 실천한다는 것이다. 고따마 붓다께서는 우리를 고뇌와 윤회에 얽이매는 사슬과 그것들의 작동 구조를 제대로 아는 것이 문제 해결의 시작이라고 확신했다. 이 점을 조금 더 강조하면 어떤 사안을 제대로 실천하지 못하는 것은 그 문제를 온전하게 알지 못했거나 절실한 문제로 여기지 않았기 때문이라고 한다. 일견 해결된 것처럼 보여도 그 문제의 본질을 제대로 이해한 것이 아니라면 실은 온전한 해결이라고 할 수 없다는 것이 불교적 시각이다. 뒷걸음질치다가 쥐를 밟은 것은 제대로 쥐를 잡은 것이 아니라는 말이다. 엄격한 의미에서 업(業, karma)은 의도된(cetanā) 행위를 말한다. 불교는 처음부터 바람직한 행위의 근거를 창조주의 계시나 명령이 아니라 온전한 인간의 지각과 인식에 두고자 하는 주지주의(主知主義)적 경향이 강했던 것으로 보인다.

팔정도(八正道)의 첫 항목이 정견(正見)인 것도 온전한 세계관을 바탕으로 밝고 따뜻한 공동체를 이룰 수 있으며, 탐욕과 증오, 어리석음에서 벗어나는 것도 인간과 세계를 바로 아는 것으로 시작된다고 보았기 때문이다. '반야(paññā, prajñā, 지혜)'는 바로 이 세계와 인간에 대한 바른 지견(知見), 즉 정견의 동의어다. '바라밀(pāramī, pāramitā)'은 '저쪽(param)에 도달했다(ita)'는 뜻으로, '도피안(到彼岸)', 즉 '윤회와 고통의 강을 건너 저쪽 언덕으로 건너감'이라 했다. 보통, '궁극의 깨달음' '지혜의 완성'으로 풀이하기도 한다. 지혜의 완성이란 아는 것과 실천의 일치인 지행합일을 말한다. 거듭 강조하지만 불교가 말하는 깨달음이나 통찰이라는 말은 실천을 전제로 한 이해이며, 즉각적인 행위를 동반하는 각성을 의미한다. 이것이 깨달은 사람, 부처의 여러 칭호 가운데 하나인 명행족(明行足, vijjā-caraṇa-sampanna)이 뜻하는 바다. 이런 연고로 반야바라밀을 모든 부처의 어머니라고 했으며, 이는 곧 깨달은 이, 아라한, 보살, 붓다의 살림살이를 가리키는 것이다.

조견

'반야바라밀을 깊이 실천한다'는 말은 '고따마 붓다를 롤모델로 삼아 살아간다'는 말이다. 곧 불교식으로 사유하고 그에 따라 실천하는 것이다. 그런 사람은 인간 존재를 어떻게 볼 것인가? 그는 '오온(五蘊)을 공(空)한 것이라 통찰'하였고, 그러한 연고로 '모든 고액에서 벗어났다'고 한다. 이 대목은 많은 오해와 논란을 불러왔다. 우선 '공(空, suñña, śūnya)'이라는 말부터 사람을 헷갈리게 한다.

초기 경전에 쓰인 'suñña'는 '비어 있는' '사람이 살지 않는' '쓸모없는' 등을 뜻하는 형용사인데, 중성 명사 'suññata'는 '공성(空性)' '열반(涅槃)' '무아(無我)'의 동의어로 쓰였다. 이는 본디 '부풀다'를 뜻하는 동사 어근 √śvi에서 파생된 것으로 보는 것이 일반적인 어원 설명이다. 즉, 바람이 잔뜩 들어 부풀어오른 풍선처럼 겉만 있고 알맹이, 실속이 없는 것을 말한다. 위 경전 구설로 다시 돌아가면, 관자재보살이 모든 고액에서 벗어날 수 있었던 것은 '오온이 공한 것을 조견'한 까닭이라 했다.

이는 '오온이 공한 것을 조견(照見, vi-ava-lokayati)'하는 것이 이른바 일체 고액을 극복하기 위한 필수 조건이라는 말이 되는데, 이 구절에 상응하는 산스크리트 문장에서 복잡한 문법 요소들을 제거하고 단순하게 정리하면 '관자재보살은 오온의 자성이 공함을 조견하였다[Avalokiteśvaro bodhisattvo vyavalokayati: pañca-skandhās tāṃś ca svabhāvaśūnyān paśyati]'가 된다.

여기서 '조견(照見)'에 상응하는 단어는 'vyavalokayati'인데, 종종 다른 반야부 경전에도 쓰이는 이 용어는 'vi-ava-lokayati'로 분석되는 세 어소(語素)의 합성어다. 몸통인 동사 'lokayati(보다)'에 전치사 'ava'를 더한 'ava-lokayati'는 '올려다보다' '관망하다' '인지하다' 등을 뜻한다. 여기에 다시 접두사 'vi'를 하나 더 붙인 'vi-ava-lokayati'를 '조견'으로 번역하였다. 이 'vi'의 쓰임새는 아주 다양하고 복잡하지만 주로, '분리' '분할' '강화'의 의미를 더할 때 쓰인다. 정리하면 대략 다음과 같다.

첫째, '분리'의 의미. "떨어져서 보다"와 같이 객관적 시각이라는 의미를 더한다.

둘째, '분할'의 의미. "쪼개서 보다"와 같이 분석적 시각이라는 의미를 더한다.

셋째, '반사'의 의미. "저쪽에서 보다"와 같이 역지사지의 의미를 더한다.

넷째, '강화'의 의미. "꿰뚫어 보다"와 같이 직관, 통찰의 의미를 더한다.

따라서 접두사 'vi'의 의미를 동사 '보다'에 결합하면, 첫째로는 '객관적으로 보다'라는 의미, 둘째로는 '분석적으로 보다'라는 의미, 셋째로는 '역으로, 반대로, 뒤집어서 보다'라는 의미, 넷째로는 '꿰뚫어 보다'라는 의미가 된다.

인간과 세계의 실상을 꿰뚫어 보려는 것이 위빳사나 수행의 가장 가까운 목적이다. 그러나 직관이나 통찰이란 사실상 객관적 시각과 분석적 시각의 완전한 조화와 일치 상태를 가리키는 이름일 뿐이다. 사람들은 대개 직관이나 통찰이라는 말에 일종의 신비주의를 입혀 초월적 시각을 생각하기 쉽다. 그러나 우리네 보통 사람이 알아들을 수 있는 설명으로, 통찰의 내용은 어떤 사안을 최대한 객관적, 분석적으로 본 것이다. 보리심을 발한 행자는 모름지기 눈앞에서 벌어지는 일, 마주치는 모든 사태에 대해 가능한 한 객관적이고 분석적인 시각으로 대처하도록 애써야 한다. 객관적이고 분석적인 시각이란 벌어진 일을 한 발 물러서서 제삼자의 눈으로 꼼꼼하게 살펴보는 태도를 말한다. 다시 성성하게 깨어 있다는 것은 늘 자신의 상태와 행위를 객관화하는 일이다.

사실, 탐욕과 증오, 어리석음에 자유롭지 못한 중생에게 온전한 제삼자의 눈은 불가능하다. 다만 성성하게 깨어서 자신의 신(身)·구(口)·의(意) 삼업(三業)이 저 좋을 대로 얼렁뚱땅 해치운 것은 아닌지 살피고 점검할 뿐이다. 팔정도(八正道)의 정념(正念)은 곧 이를 이르는 것이며, 이것이 곧 불교도가 첫번째로 이해하고 수용해야 할 삶의 태도다. 수천, 수만 번 거듭된 시행착오와 되새김을 통해 행업은 정갈해지고, 부지불식간에 매 사안에 대한 안목이 예리하고 정교해진다. 통찰은 아무런 바탕도 과정도 없이 불쑥 나타나는 현상이 아니라 부단히 객관적, 분석적 시각을 유지하고 키워온 노력의 결과다. 다시 말하자면 이름뿐인 직관, 통찰을 내세우지 말라는 것이다. 그것은 다만 포장지일 뿐이다. 핵심은 일상에서 일어나는 모든 일에 가능한 한 공평하고 꼼꼼하게 살피는 일이고, 매사에 입장을 바꾸어 바라보는 태도를 내려놓지 않는 것이다. 이것이 성성하게 깨어 있는 것이다.

근래 불자들이 낭송하는 우리말 『반야심경』에 '오온이 공한 것을 비추어 보아'라고 하는데, 소리 내어 읽을 때마다 '이 몸과 마음은 조건에 따라 일어나고 조건에 따라 소멸하고 있다'고 다시 새기고 음미할 것을 권하고 싶다.

오온개공

'오온이 모두 공하다(五蘊皆空)'는 이 구절은 오해의 소지가 다분하다. 심하게는 '오온은 없는 것'이라고 말하는 사람을 본 적도 있다. 이렇게 눈앞에 또렷하고, 절절히 경험하는 내 몸과 마음이 없다니 이보다 더한 망발은 없을 듯하다.

여기에 해당하는 산스크리트 구절은 'pañca-skandhā svabhāvaśūnyā'인데, 이것을 다시 옮기면 '오온(五蘊) 자성공(自性空)'이 된다. 여기 'sva-bhāva-śūnyā'는 반야부 경전에 자주 등장하는 용어로 직역하면 '스스로 존재하는 것은 없다'가 된다. 이 세상에 어떤 것도 애초 그렇게 결정되어 있지 않으며, 세상만사 다양한 조건의 합으로 생성, 유지, 변화한다는 것이 불교의 연기설이다. 이는 눈앞에 벌어지고 경험하는 현실은 우리가 아는 방식으로 결정 혹은 고정되어 있지 않다는 말이다. 이 세상에 있는 모든 사물은, 우리가 간과하고 있을 뿐, 사실상 끊임없는 생성(成), 유지(住), 파괴(壞)의 연속적인 흐름이다.

어떤 특정 사물, 예를 들어 바로 여기 눈앞에 있는 저 사과는 여러 요소의 조합으로 이루어져 있으며, 단 한 순간도 쉬지 않고 변화한다. 따라서, 지금 저 사과는 1분 전의 그 사과가 아니고, 1분 뒤의 사과는 다시 저 사과가 아닐 것이다. 나도, 당신도 또한 그렇다. 이것을 인무아(人無我, pudgala-nairatmya) 혹은 아공(我空, ātma-śūnyatā)이라고 한다. 다시, 저 사과를 구성하고 있는 요소인 모양, 맛, 향 등은 또다른 조건들의 합이고, 그 세부 조건 역시 또다른 조건들의 합이어서 결국 이 조건은 무한대로 확장되고 어떤 이름, 특성으로 규정할 수 없다. 이것을 법무아(法無我, dharma-nairatmya)라고 한다. 이 논리를 오온의 합인 '나'라는 존재에 대입하면, 이 '재연'은 부단히 변화하는 '몸과 마음'의 흐름에 불과하다. 어떤 시간, 어떤 상태를 나라고 할 것인가? 그래서 무아(無我)라고 한다. 여기에 더해 이 나를 구성하는 마음(名)과 육신(色) 또한 수없이 많은 정신, 물질적 요소들의 조합이다. 그 요소 역시 또다른 요소들의 합성이어서 그 어떤 것도 그것 자체로 존재하는 게 아니다. 나를 구성하는 색(色)·수(受)·상(想)·행(行)·식(識)의 오온(五蘊)은 하나씩 따로따로 떨어져서 분리 독립할 수 없으며, 오직 더불어 작동한다. '재연'이라고 이름 붙여진 이 오온에서 수(受) 혹은 상(想) 등을 따로 추출할 수도 없지만, 설령 그것이 가능하다 해도 그렇게 떼어낸 순간 그것은 '재연'의 수(受)나 '재연'의 상(想)이 아니다. 이것이 바로 오온개공(五蘊皆空), 즉 오온자성공(五蘊自性空)이 뜻하는 바다. 이 세상에 그 어떤 것도 저절로 혹은 제 스스로 존재하는 것은 없다.

공한 세상

아난다 존자가 세존께 물었다.

"사람들이 '공(空)한 세상(suñña loka), 공한 세상'이라고들 말합니다. 스승이시여, 공한 세상이란 어떤 것입니까?"

이에 세존께서 말씀하셨다.

"세계는 스스로(attena) 존재하지 않으며, 세계 자체에 속한 것(attaniyena)도 아니다. 이를 일러 공한 세상이라 한다. 스스로 존재하지 않으며, 자기 자신에 속하지도 않는다는 것은 무슨 말인가? 눈은 스스로 존재하지 않으며, 눈 자체의 소유도 아니다. 시각 대상은 스스로 존재하지 않으며, 그 소유물도 아니다. 시각 의식은 스스로 일어난 것이 아니며, 그 자체의 소유가 아니다. 눈과 시각 대상의 접촉도 스스로 생긴 것이 아니다. 그렇게 일어난 좋은 느낌, 싫은 느낌, 좋지도 싫지도 않은 느낌 또한 스스로 존재하지 않으며, 그 자체의 소유도 아니다. 이렇게 스스로 존재하지 않으며, 그 자체의 소유도 아닌 것, 그것을 일러 공한 세계라 한다."

〔SN. IV. p. 54. *Suññataloka-sutta*〕

세상에서 벌어지는 모든 갈등과 불행의 바탕에 깔려 있는 것이 바로 이 '나'와 '내 것'에 관한 문제들이다. 중생들에게 '자아'는 거의 모든 사유와 행위의 중심이며 이미 결정된 결론이기 십상이다. 불교가 애써 무아를 강조하는 것은 이 자아에 대한 집착이 고뇌의 시작이라고 보기도 했지만, 그보다 더 중요한 것은 어떤 것이 그 자체로 존재한다는 사유 방식이 만악(萬惡)의 핵, 어리석음(無明) 그 자체라고 보았기 때문이다. 따라서 비록 무아와 연기가 둥근 공의 다른 면이라고 하더라도, 이 대목에서 강조되어야 할 것은 연기의 원리여야 할 것이다.

두번째 마당

사리자여, 색(色)은 공(空)과 다르지 않고 공은 색과 다르지 않습니다. 색은 공한 것이며, 공한 것이 곧 색입니다. 수(受)·상(想)·행(行)·식(識)도 그렇습니다.

舍利子! 色不異空 空不異色, 色即是空 空即是色. 受想行識, 亦復如是.

Iha Śāriputra rūpaṃ śūnyatā śūnyataiva rūpaṃ, rūpān na pṛithak śūnyatā śūnyatāyā na pṛithag rūpaṃ, yad rūpaṃ sā śūnyatā yā śūnyatā tad rūpaṃ; evam eva vedanā-saṃjñā-saṃskāra-vijñānaṃ.

모든 번역은 주석의 성격을 띤다. 이 『반야심경』이 현장이 번역한 것이든, 한문에서 산스크리트로 역번역된 것이든 문맥에 어색함이 있으면 두 본을 동시에 견주어 보는 것이 답이다. 이 둘은 상호 보완적인 성격을 갖기 때문이다. 여기 '공(空)'이라고 한 것이 산스크리트본에는 'śūnyatā(空性)'라고 되어 있다. 이것을 다시 풀면 '색(色)은 공성(空性)으로 이루어져 있으며, 공성이 색의 바탕이다'가 된다. 그리고 부사 'pṛithak'은 '~을 제외하고' '떠나서' '다르게' '따로' '홀로' '특별히' 등을 뜻한다. 이 점을 감안하여 상응하는 산스크리트 문장을 직역하면 "사리자여, 색(色)의 본성은 공(空)이며, 공성(空性)이 색의 바탕입니다. 색은 공성과 분리되는 게 아니며, 공성은 색과 떨어져 따로 있지 않습니다. 따라서 색이라고 하는 것은 곧 공성이며, 공성인 것이 곧 색입니다. 수(受)·상(想)·행(行)·식(識) 또한 그와 같습니다"가 된다.

빨리어 전적 『빳타나Paṭṭhāna』는 연기의 인(因)과 연(緣)을 상세히 설명하는 아비담마의 마지막 책이다. 여기서 설명하는 연(緣, paccaya, 조건)의 24가지 유형 가운데 여섯번째인 구생연(俱生緣, sahajāta-paccaya)은 '동시 발생 조건'이라는 것인데, 수·상·행·식을 그 예로 들고 있다. 이것은 곧, 수·상·행·식은 상호 의존적이며, 발생의 선후를 구분할 수 없다는 것이다. 다시 말하면 수·상·행·식은 한덩어리로 굴러간다는 것이다.

읽으면서 이미 알아챘을 수도 있겠지만 나는 여기서 '색은 공이고, 공은 색'이라는 표현을 피하려고 애썼다. 그런 풀이는 심한 비약일뿐더러 정작 불교가 말하려 하는 게 아니라고 생각하기 때문이다. 그것은 마치 '밥은 똥이고, 똥은 곧 밥'이라고 말하는 것과 같다. 모든 밥은 똥이 될 것이다. 그렇다고 해서 모든 똥이 곧 밥은 아니다. 저 문장은 사물의 공성을 강조하기 위해 술부를 주부의 앞에 놓은 도치법일 뿐이다. 어떻게 해도 주어는 '색'이고 '공'은 형용사다. 즉, '공은 색이다'가 아니라 '공한 것이 색이다'라고 새겨서 읽자는 말이다. 부처님의 가르침을 떠받들어 칭송하려는 뜻은 가상하나 그것도 조리에 맞게 하지 않으면 오히려 그 가르침을 훼손할 수도 있다. 공성(空性)은 무자성(無自

性)의 동의어로 모든 현상은 조건에 따라 발생한다는 연기(緣起)의 원리를 가리킨다.

세번째 마당

사리자여, 구성 요소 모두는 두루 공성이어서 생도 멸도 아니며, 더럽지도 깨끗하지도 않으며, 늘지도 줄지도 않습니다. 그러므로, 공 가운데 색도, 수·상·행·식도, 없고, 안·이·비·설·신·의(眼·耳·鼻·舌·身·意)도 없고, 색·성·향·미·촉·법(色·聲·香·味·觸·法)도 없습니다. 안계 내지 의식계도 없으며, 무명(無明)도 무명의 소진도 없고, 노사(老死)도 노사가 다함도 없습니다. 고(苦)·집(集)·멸(滅)·도(道)도 없으며, 통찰지라 할 것도, 득(得)이라 할 것도 없습니다.

舍利子! 是諸法空相 不生不滅 不垢不淨 不增不減. 是故 空中無色 無受想行識; 無眼耳鼻舌身意; 無色聲香味觸法; 無眼界乃至無意識界; 無無明亦無無明盡 乃至無老死亦無老死盡; 無苦集滅道; 無智 亦無得.

Iha Śāriputra sarva-dharmāḥ śūnyatā-lakṣaṇā, anutpannā aniruddhā, amalā avimalā, anūnā aparipūrṇāḥ.

Tasmāc Chāriputra śūnyatāyāṃ na rūpaṃ na vedanā na saṃjñā na saṃskārāḥ na vijñānam. na caksuḥ-śrotra-ghrāṇa-jihvā-kāya-manāṃsi. na rūpa-śabda-gandha-rasa-sprașṭavya-dharmāḥ na cakṣur-dhātur yāvan na manovijñāna-dhātuḥ. na-avidyā na-avidyā-kṣayo yāvan na jarā-maraṇaṃ na jarā-maraṇa-kṣayo. na duḥkha-samudaya-nirodha-mārgā. na jñānam, na prāptir naapraptiḥ

앞에서 'svabhāvaśūnyā(자성공, 自性空)'에 대해서 살펴보았다. 이 말을 'sva-bhāva-śūnyā'로 분석하여 곧이곧대로 직역하면 '자존(自存)-공(空)'이기도 하다. '자존'이란 독립적이고, 자족(self-sufficient), 자존(self-existent)하며, 애초 그 모습, 그 상태로 만들어져 고정되어 있기에 더이상 어떻게도 쪼개 나눌 수 없는 실체를 의미한다. 어떤 것에도 의존할 필요가 없는 실체는 절대적인 것이다. 연기, 무아의 원리는 그러한 실체를 부정한다. 이 세상, 저 세상 어디에도 그런 존재를 상정할 수는 없다.

우리가 사는 이 세상은 생성과 소멸, 더러운 것과 깨끗한 것, 증가와 감소 등 온갖 상대적인 현상들로 가득차 뒤섞여 흘러간다. 사실, 이 세상에 존재하는 일체 사물은 예외 없이 상대적이고, 여러 조건의 합으로 생성된다. 이들 낱낱의 존재는 끊임없이 변화한다. 우리는 겨우 외관의 변화를 감지할 뿐이지만, 속에서도 모든 것이 알게 모르게 변화하고 있다. 그렇게 변화하는 사물의 경우 이전 시점에서 본 현상태는 새로 태어난 것이다. 역으로, 현상태에서 생각하는 이전 상태는 이미 소멸한 것이다. 이렇게 '생성'과 '소멸'이라는 말은 변화하는 사물을 '다른 시점'에서 보고 붙인 '다른 이름'이다. 마찬가지로 생과 사, 더러움과 깨끗함, 감소와 증가 등은 모두 상대가 있어야 의미 있는, 즉 상대적 개념이다. 상대를 완전히 배제한 그것 자체로는 무의미한 것이다.

모든 사물과 현상은 마주치는 시간, 장소, 현재의 내 처지와 심리 상태에 따라 달리 인식된다. 그러나 우리는 대개 강하게 다가온 몇 가지 인상으로 그 사물을 기억하며, 그 인상을 자기식으로 굳히고 강화하는 경향이 있다. 그래서 어떤 인간은 끝내 상종 못할 '엑스'가 되고, 그때 그 소녀는 수십 년이 지난 지금도 청순한 찔레꽃으로 남아 있는 것이다. 이 점을 잘 이해한 사람은 '존재'에 대한 일방적 견해를 극복하기 위해 나름의 방책을 세워야 한다. 이에 대한 관세음보살의 조언이 바로 '부처님 식으로 세상을 보면 현상은 생(生)도 멸(滅)도 아니며, 더러운 것도 깨끗한 것도 아니며, 증가하는 것도 감소하는 것도 아니니, 어떤 일이든 외눈으로 보지 말고, 연기적, 유기적, 통합적으로 보고 판단하라!'는 것이다.

여섯 가지 감각기관인 안(眼)·이(耳)·비(鼻)·설(舌)·신(身)·의(意)의 육근(六根), 그에 상응하는 여섯 가지 대상인 색(色)·성(聲)·향(香)·미(味)·촉(觸)·법(法)의 육경(六境), 그리고 그들의 합에 의해 발생하는 여섯 가지 의식인 안식(眼識)에서 의식(意識)까지의 육식(六識)을 통틀어 십팔계(十八界)라고 한다. 이는 곧 우리 중생들의 세계를 말한다. 여기서 육근, 육경, 육식도 없다는 것은 바로 자성공(自性空)의 원리를 우리의 여섯 가지 감각기관과 거기에 상응하는 여섯 가지 대상, 그리고 거기서 발생하는 여섯 가지 의식에 대입한 결과를 말한다. 먼저 이 여섯 감각기관은 하나씩 혹은 통째로 몸에서 떼어 분리할 수 없고, 그렇게는 작동하지 않는다. 뇌와 신경 다발에서 분리된 안구, 귀, 코는 그저 지방과 단백질 덩어리에 불과하다.

안계(眼界)에서 의식계(意識界)에 이르는 십팔계는 곧 우리가 일상적으로 경험하는 온 세상이다. 불교와 관계없이 누구라도 세상만사 변하더라는 것을 알고 있다. 그럼에도 나랑 상관있는 것들은 변하지 말고 멈춰 있기를, 그래서 영원한 사랑이나 영원한 우정 등을 빌고 비는 것이 또한 중생이다. 그런데, 만약 바라는 대로 이 세상 모든 것에 불변의 자성(自性, svabhāva)이 있다면 어떻게 될까? 이는 모든 것이 그것 자체, 그 어떤 상태로 정지한다는 소리다. 더이상 생기고 사라지는 일은 없다. 콩이니 팥이니 이런 이야기 자체도 있을 수 없다. 그러니까, 그렇게 간절히 바라고 비는 자성을 갖게 되는 순간 온 우주는 정지하여 죽어버린다. 그렇다면 다른 것들은 예전처럼 굴러가게 두고 나만 변하지 않으면 될까? 다 멈춰 있는데 나만 살아 있다면 그런 끔찍한 일을 어떻게 견딜 수 있겠는가? 따라서, 자성을 인정한다는 것은 세계를 부정한다는 뜻이며, 변화와 발전의 모든 가능성을 부정한다는 말이다. 저 무도한 것들에게 당장 제석천의 불벼락이 떨어졌으면 하다가도, '저 인간들도 제 자식에게는 자애로운 어버

이일 테고, 제 부모에게는 무엇과도 바꿀 수 없이 소중한 자식이겠지! 부디, 어느 고비에선가 한 생각 고쳐먹고 더불어 사람같이 살아보자!'고 비는 것도 자성이 고정되어 있다고 생각하지 않아서다. 우리가 깨달음이라는 가당찮은 꿈을 꾸는 것은, 그리고 살 만한 세상, 정토를 그려보는 것도 실은 무상하기 때문이고 변화의 가능성 때문이다. 물론 더 나빠질 가능성도 있다.

또한, 이 『반야심경』에서 '무(無)' '없다'는 말을 거듭 쓰며 강조하는 것은 어떤 것의 부재, 비존재가 아니라, 그것이 너무나 역동적으로 변화하고 흘러가고 있어서 단 한 찰나도 정지, 고정시켜 딱히 무어라고 이름 붙일 수 없다는 뜻이다.

무명이 없음

불교는 지혜의 종교다. 이 말은 불교는 실천 이전에 먼저 제대로 알 것을 강조하며, 결국 온전한 실천으로 지혜가 완성된다고 주장하기 때문이다. 초기 경전에 나오는 팔정도(八正道)의 대승불교식 변형인 육바라밀(六波羅蜜) 가운데 첫번째인 '반야바라밀(般若波羅蜜)'은 말 그대로는 '지혜의 완성'이다. 이것은 연기의 원리를 바탕으로 육바라밀 가운데 나머지 다섯 바라밀, 즉 보시(布施), 지계(持戒), 인욕(忍辱), 정진(精進), 선정(禪定) 바라밀의 완전한 통합을 이르는 말이기도 하다. '반야바라밀'의 '반야'는 내용상 정견(正見)의 확장판이라고 할 수 있다. 보통 '바른 지견' 혹은 '바른 견해'라고 풀이되는 정견은 세계를 연기의 눈으로 본다는 뜻이다. 그러나 불교를 조금 공부하고, '아하, 팔정도의 시작과 끝이 정견이네!' 하는 정도의 안목을 아라한의 정견과 동일시할 수는 없다. 무상(無常), 고(苦), 무아(無我)의 의미를 대충 파악하고 이해한다고 해서 그대로 실천하는 것은 아니기 때문이다. 이와는 달리 아라한의 정견은 앞서 이야기한 열 가지 족쇄의 마지막 고리인 무명(無明)을 완전히 극복한 것이며, 그것은 오직 아라한만 가능하다고 한다.

무명(無明)에서 노사(老死)까지의 열두 고리는 경전에 자주 등장하는 십이지연기(十二支緣起)의 내용이다. 우리가 윤회의 바다를 떠도는 것은 세계와 인간에 대한 무지에서 비롯된 것이며, 이를 극복함으로써 우(憂)·비(悲)·고(苦)·뇌(惱)의 모든 속박에서 벗어난다는 것이 십이지연기의 가르침이다. 그런데, 이 『반야심경』의 경문에 '무명(無明)에서 노사(老死)가 두루 없다'는 것은 십이지연기의 원리를 부정하는 것으로 오해할 수도 있다. 또한 '고(苦)·집(集)·멸(滅)·도(道)가 없다'는 것도 사성제(四聖諦) 자체를 부정하는 것으로 보일 수도 있다. 이렇게 온통 불교 전체를 부정하는 것으로 생각할 수도 있다보니 이 궁지를 벗어나려는 일념으로 온갖 상상과 앞뒤 맞지 않는 전거(典據)를 들이대면서 문제가 더욱 꼬이게 된다.

그러나, 여기서 무명(無明)과 노사(老死)가 없다는 말은 무명이

지갑 속의 현금처럼 늘었다가 줄어드는 것도 아니고 모양, 크기, 무게, 색깔 등으로 구분되는 것도 아니라는 뜻이다. 중생들이 무명 속에 있다는 것은 깜깜한 암실에 갇혀 있다거나, 머릿속에 시꺼먼 검댕이 끼어 있다는 게 아니다. 무명에 싸여 있다는 것은 마주하는 사물을 연기(緣起)의 눈으로 보지 못하는 것을 말한다. 연기의 눈은 곧 공(空)과 무아(無我)의 눈이다. 이 대목에서 말하는 생사(生死) 역시 생물학적 발생과 사망이 아니라 저렇게 잘못된 현실 인식, 즉 무명 속에서 일어났다 스러지는 온갖 심리 현상의 부침(浮沈)을 가리키는 것이다. 여기 무명에서 노사까지 십이지가 모두 없다는 말은 고(苦, dukkha)의 발생과 소멸을 설명하기 위해 만들어진 십이지연기의 고리 하나하나는 연기 원리의 진행 과정에 붙여진 이름일 뿐, 어느 특별한 공간에 고유의 특성과 질량을 가진 채 비축되어 있지는 않다는 것, 즉 자성(自性)을 가진 실체가 아니라는 것이다.

고(苦)의 발생과 변천을 설명하는 연기법의 형식은 아주 다양하다. 십이지연기는 여러 틀 가운데 하나일 뿐이다. 여기서 가장 핵심이 되는 부분은 감관을 통해서 들어온 외부 정보가 어떻게 해석되고 수용되어 갈애와 집착으로 굳어가는가를 보이는 육입(六入, saḷāyatana)–촉(觸, phassa)–수(受, vedanā)–애(愛, taṇhā)–취(取, upādāna)로 이어지는 부분이라고 할 수 있다. 그러니 엄밀히 말하면 소위 연기적 진행은 이렇게 순서대로 차례를 밟아 하나씩 단계적으로 이루어지는 것도 아니다. 이들 열두 고리는 사실상, 상하, 전후, 좌우 구분 없이 온통 한 덩어리로, 동시 합작으로 이루어진다.

연기의 관점으로 사물을 보는 수행자는 사물의 형상, 소리, 냄새, 맛, 촉감과 그로 인해 발생한 감각과 개념, 의식을 대함에 있어 늘 성성하게 깨어 있어서 저들은 다 조건에 따라 발생하여 무자성(無自性)이며 무상(無常)하다고 관한다. 범사에 그렇게 초연하여 어디 어느 것에도 매달리지 않는다. 그렇게 해서 새로운 업을 쌓지 않을 뿐만 아니라, 그 과정에서 이전의 성벽과 행업은 녹아 묽어진다. 이것이 현실적으로 가능한 가장 효과적인 업장 소멸의 길이다. 위 경문에 노사(老死)가 다했다는 것은 탐욕과 증오, 미혹에 의한 심리적 부침이 멈췄다는 것이다. 거친 마음의 파장이 잔잔하게 가라앉은 것이다. 그렇다고 전에 없던 계급장이나 이름표가 생기는 것도 아니다. 『금강경』에 이르기를 '수다원(sotāpanna)이 본디 입류(入流)라는 뜻이지만, 스스로 성자의 흐름에 들었다고 생각하지 않으며, 색·성·향·미·촉·법에 초연한 것을 성스러운 흐름에 들어간 자라고 부른다'고 했다. 접하는 모든 대상에 연연하지 않는다는 것은 그것이 모두 조건에 따라 발생하고 조건에 따라 소멸하는 것이라고 관하기 때문이다.

진제와 속제

"강을 건넜으면 뗏목은 버린다!" 『금강경』에 나오는 유명한 '뗏목 비유'다. 소기의 목적을 이루었으면 더이상 거기 쓰인 수단에 연연하지 않는다는 것이다. 그런데, 사실 그 비유는 우리네 보통 사람들과는 거의 무관한 것이다. 아직 고기 잡으러 문밖으로 나서지도 않은 사람이 '이놈의 통발을 어떻게 버릴까?' 걱정할 필요는 없다. 마치 무일푼 백수건달이 '나중에 사업에 성공해서 부자가 되면 까짓 돈 따위에 집착하지 않고 모두 내던져버려야지!'라고 중얼거리는 것과 다름없는 일 아닌가? 아직 눈앞에 있는 저 '있는 것'이 '어떻게 있는 것'인지도 모르면서 공성(空性)과 무아(無我)를 떠벌리는 것도 마찬가지다. 실은 이 『반야심경』을 설명한답시고 이렇게 중언부언 되뇌는 내 꼴도 거기서 거기다. 그래도 어쩌랴! 내가 아는 한 스님이 계셨다. 더러 큰스님이라고 칭송하는 분들도 있긴 했는데, 내가 생각하기로는 그냥 맘씨 좋은 할배였다. 어쩌다 이야기라도 한자리 청할라치면 그분은 시작한 이야기를 매듭짓지 못하였다. 점심시간이 되어 그만 마치시라고 쪽지를 거듭 적어 알려도 질질 끌다가 12시를 훌쩍 넘기기 일쑤였다. 사돈 남 말 하더라고, 지금 내가 그 지경이 아닌가!

고(苦)·집(集)·멸(滅)·도(道)가 없다는 이 대목은 사람들을 더욱 어리둥절하게 한다. "뭐야, 불교의 기본이자 핵심인 사성제(四

聖諦)를 부정한다고?" 말할 수 없는 것을 말로 전하려다보니 이렇게 당황스러운 일이 생긴다. 부정을 통한 강조라고 하기에는 너무 멀리 가버린 게 아닌가 하는 의구심을 갖는 것은 비단 어제오늘 일이 아니다. 먼 옛날, 2000년 전에도 마찬가지였던 모양이다. 용수(Nāgārjuna)의 『중론』 「관사제품」이 그런 오해에 대한 비판으로 시작한다.

만약 세상만사가 공(空)이라면
생(生)도 없고, 멸(滅)도 없으며, 사성제(四聖諦)도 없게 된다.
고(苦)·집(集)·멸(滅)·도(道)가 없으므로
고(苦)를 이해(見苦)할 일도 없고,
고의 원인을 끊는 것(斷集), 열반을 증득(證得)하는 것도,
도 닦는 일(修道)도 없게 된다. 따라서 사과(四果)도 없다.
사과가 없으므로 성자의 과를 추구할 일도 없다.
팔성현(八聖賢)도 없고, 팔성현이 없으니 승보(僧寶)가 없다.
사성제가 없음은 곧 법보가 없음이다.
법보(法寶), 승보(僧寶)가 없으므로 불보(佛寶)가 없게 된다.
이렇게 공(空)을 내세우는 것은 삼보(三寶)를 파괴하는 것이다.
나아가, 이는 인과를 부정하고 죄와 복도 부정하여
세속법 일체를 부정하는 것이다.

〔MK. 「관사제품」. 1~6〕

대승 불교의 공(空)을 이런 식으로 해석하는 것을 악취공(惡取空, dur-gṛhītā śūnyatā), '잘못 파악한 공성'이라고 한다. 이렇게 공(śūnya)이라는 용어는 숱한 오해를 불러왔고, 외부에서는 물론 불교 내부에서도 드센 비판과 반대 의견이 있었다. 바로 위에 보인 주장처럼 공의 논리는 외관상 기존의 교리 체계를 극단적으로 부정하는 것으로 보여 염세적 허무주의로 비친 것이다. 이에 대해 용수는 다음과 같이 답한다.

그대는 공성(空性)의 목적을 모르고 있다.
공성과 공성의 의의를 몰라 스스로 번민(煩悶)하는 것이다.
汝今實不能　知空空因緣
及知於空義　是故自生惱
atra brūmaḥ śūnyatāyāṃ na tvaṃ vetsi prayojanam,
śūnyatāṃ śūnyatārthaṃ ca tata evaṃ vihanyase.

〔MK.「관사제품」. 7〕

이어지는 다음 게송들이 바로 중관학파의 유명한 두 종류의 진리론이다.

부처님의 가르침은 두 가지 진리로 설해진다.
첫번째는 세속제요, 두번째는 진제다.

諸佛依二諦　爲衆生說法
一以世俗諦　二第一義諦
dve satye samupāśritya buddhānāṃ dharmadeśanā,
lokasaṃvṛtisatyaṃ ca satyaṃ ca paramārthataḥ.

〔MK.「관사제품」. 8〕

여기 '진제(眞諦)' 혹은 '제일의제(第一義諦)'라고 번역한 'parama-artha-satya'를 직역하면 '가장 높은 곳에서 본 의미로서의 진리'가 된다. 이에 대해 부처님이 설하신 실용적이고 도덕적인 가르침을 '속제(俗諦)' 또는 '관습적 진리(saṃvṛti-satya)'라고 한다. 부처님은 당신 특유의 통찰과 깨달음의 길을 설명하기 위해 일반적으로 통용되는 의미와 달리 특수한 방식으로 쓰이는 불교 고유의 전문용어들을 사용했다. 온(蘊, khandha), 처(處, āyatana), 계(界, dhātu), 열반(涅槃, nibbāna) 등이 그 예다. 이런 용어들이 품는 불교 특유의 의미를 진제라고 하며, 또한 이런 용어들을 사용하여 설해진 내용 역시 진제라고 한다.

이런 식의 두 진리 설명은 존재론적인 구분이 아니고 인식론적이며, 말하는 사람의 의도와 보는 사람의 이해에 달려 있다. 같은 용어라도 쓰이는 상황과 문맥에 따라 다른 뜻이 되는 것이다. 예를 들어 'attā'라는 단어는 일상 언어(俗諦)로는 '나 자신'을 뜻한다. 그러나 경전 여기저기에 등장하는 이 용어를 진제(眞諦)

로 풀이하여 '자아(自我)' '진아(眞我)'로 수용하면 불교 경전은 바라문교 책이 되어버린다. 또한 '무아(無我, anattā)'라는 용어는 일상에서는 쓰이지 않는 말로, 이는 '내가 없다'가 아니라, '어떤 것도 저절로, 본래부터, 영원히 그렇게 존재하지 않는다'는 진제(眞諦)다. 경전에는 이 두 가지 용법이 섞여 있어서 혼동을 피해 '그것은 다만 사람들이 사용하는 명칭, 표현일 뿐, 사실은 ~이 아니다' 혹은 '~이다'라는 식으로 단서를 붙여 기술하고 있다. "이 두 가지 진리를 분별하지 못한 사람은 부처님 가르침의 심오한 의의를 알지 못한다"〔MK. 「관사제품」. 9〕는 용수의 말이 아니더라도 지각 있는 학인이라면 늘 챙겨야 할 일이다.

이렇게 두 가지 표현 방식이 섞여 함께 쓰이는 경전과 달리 아비담마 전적은 순전히 전문용어(法數, technical terms)들을 특유의 방식으로 나열, 설명하고 있어서 이를 출세간법(出世間法, lokuttara dhamma) 혹은 '초세속법'이라고 칭하기도 한다. 그래서 일반인들에게 아비담마는 딴 세상 이야기로 보일 수밖에 없는 것이다. 이는 마치 문외한의 눈앞에 펼쳐진 천체물리학 전문용어 사전과도 같다. 이 『반야심경』에 거듭 등장하는 공(空), 무(無), 무자성(無自性, niḥ-svabhāva) 등의 용어는 연기(緣起)의 동의어다. 이들은 중도(中道)의 의미를 전달하기 위해 편의상 만들어진 개념(施設, prajñapti)으로 일종의 부호(假名)다. 용수는 이 점을 간결하고 명백하게 밝히고 있다.

연기(緣起)를 우리는 '무(無, śūnyatā)'라고 부른다.

이는 편의상 붙인 이름(施設, prajñapti)이며 중도(中道)를 뜻한다.

衆因緣生法 我說卽是無

亦爲是假名 亦是中道義

yaḥ pratityasamutpādaḥ śūnyatām tāṃ pracakṣmahe,

sā prajñaptir-upādāya pratipad-saiva madhyamā.

〔MK.「관사제품」. 18〕

어떤 것도 무조건 발생한 것은 없다.

따라서 '공(空)' 아닌 것은 없다.

未曾有一法 不從因緣生

是故一切法 無不是空者

apratītya samutpanno dharmaḥ kaścin-na vidyate,

yasmāt-tasmād aśūnyo hi dharmaḥ kaścin-na vidyate.

〔MK.「관사제품」. 19〕

'공성'도 '공'하다

되풀이하면 연기와 무자성은 모든 현상이 다양한 조건의 조화로 발생하여 한순간도 쉬지 않고 변화한다는 것이다. 그러한 무결정성 혹은 비확정성은 사물의 정체성을 불가능하게 하며, 결국 존재의 기본 개념을 부정할 수밖에 없게 한다. 심지어 자성이 없기로는 '공성(空性)' 자체도 마찬가지여서 그 또한 공(空)하니 이를 '공공(空空)'이라 한다. 대승 경전에서 거듭 부정하는 것은 우선 설일체유부(說一切有部, sarvāsti-vāda)의 아비담마가 주장하는 법의 실체성이다. 『아비달마대비바사론』의 5위 75법 가운데 14가지의 심불상응행법(心不相應行法, citta-viprayukta-saṃskāra)이라는 것이 있다. 이것들은 우리들의 심리 변화에 관여하는 요소들로, 전적으로 물질적인 것도 아니면서 정신적인 것도 아닌 요소들이다. 이중에는 득(得, prāpti)과 비득(非得, aprāpti)이 있는데, 전자는 물리 정신적 요소들을 특정 개인과 연결하는 힘이며, 후자는 이런 연결을 방해하는 힘이라고 한다. 설일체유부에서는 무명(無明, avidyā)이나 지혜(智慧, prajnā) 또한 상존(常存)하는 실체로 보기 때문에 수행자가 이것을 어떻게 자신에게서 분리하고 연결(得, prāpti)할 것인지 규명해야만 했다. 이들에게 열반은 무명(無明)을 떼어내고 명(明, vidyā, prajnā)을 습득한 상태인 것이다. 이런 생각을 반박하고 부정하는 것이 '득도 없고 비득도 없다'는 구절이다. 통찰지라는 게 떼었다 붙였다 할 수 있는 것이 아니라는 말이다. 현상을 제대로 꿰뚫어 보지 못한 것을 무명(無明)이라 하고, 사안을 연기 무아의 눈으로 보는 것을 지혜(智慧)라 한다. 무명이란 것이 이마에 돋았다 사라지는 혹도 아니고, 통찰지를 얻었다는 게 미간에 제3의 눈이 새루 생기는 것도 아니다. 오온의 어느 구석에 숨어 있다가 때 되면 기어나오는 바이러스 같은 것도 아니다. 앞에서도 여러 차례 언급했지만, 교설의 성립과 변천의 역사적 이해 없이 천자문식 한문 풀이로 경전을 읽으면 부처님 말씀은 그야말로 엉뚱한, 딴 세상 이야기가 되어버린다는 것을 늘 상기할 필요가 있다.

나아가, 연기(緣起)와 무자성(無自性)의 관점에서는 어떤 것도 '아무개'라는 이름으로 확정, 고정시킬 수 없다. 이런 까닭에 십이연기(十二緣起)도 십이연기가 아니요, 사성제(四聖諦)도 사성제가 아니다. 무명(無明)에서 노사(老死)까지 열두 고리도, 고(苦)·집(集)·멸(滅)·도(道)도 각각 원인과 결과의 상호 의존관계에 있다. 따라서 이 대목에서 '공성'을 되뇌는 것은 첫째로는 고(苦) 발생과 소멸의 연기성을 강조하고, 모든 사태를 유기적, 총체적으로 볼 것을 거듭 주지시키는 것이고, 둘째로는 고·집·멸·도 역시 그 하나하나는 원인과 조건의 일시적인 조합이기에 근본적으로 무자성(niḥ-svabhāva)이며, 개념적 구성(prajñapti-matra)일 뿐이라는 것을 거듭 주지시키는 것이다. 중생도 중생이 아니요, 부처도 부처가 아니다. 따라서 『반야심경』은 고의 해결, 즉 해탈을 위해 설치된 모든 수단들도 다 내려놓는 것이 온전한 해탈이라고 한다. 강을 건넌 사람이 뗏목이 고맙다고 해서 그것을 짊어지고 가지는 말라는 것이다. 달을 가리키는 손가락이 공할 뿐 아니라, 달 자체도 무자성이고 공하다. 이런 까닭에 용수는 심지어 '공성'이라는 견해에도 집착하지 말 것을 주문하고 있다.

승리자들이 말씀하셨다.
"공성이라는 견해를 가진 자 구제불능!"
大聖說空法　　爲離諸見故
若復見有空　　諸佛所不化
śūnyatā sarvadṛṣṭīnāṃ proktā niḥsaraṇaṃ jinaiḥ,
yeṣāṃ tu śūnyatā dṛṣṭistānasādhyān babhāṣire.

〔MK.「관행품」. 8〕

"고·집·멸·도도 없고, 통찰지도 없으며 무언가 이룬 것도 없다"는 것도 그 소식이다.

엄양(嚴陽) 존자가 조주(趙州) 스님께 물었다.
"공성을 터득하여 일체가 공함을 알았으면 어찌해야 합니까?"
"내려놓으시게(放下著)!"
"아무것도 없는데 무엇을 내려놓습니까?"
"그러면 그냥 짊어지고 가든가!"

그건 그분들 이야기고, 아직 우리가 내려놓을 걱정을 할 때가 아니다.

다시 돌아가서, 지금 우리가 '사성제'라고 부르는 그것은 부처님의 심중에 있는 사성제의 그것과 동일한 것일까? 우리가 어떤 현상을 감지할 때, '내가 인식했다고 생각하는 것'은 사실 그 현상 자체가 아니라, '내 식으로 해석된 현상'이다. 그 현상을 말로 표현하는 순간 그것이 아닌 다른 것이 된다. 아니, 입을 열어 그것을 표현하기도 전에 한 생각 일어나면 이미 다른 것이다. 그래서 '입도 떼기 전에 벌써 틀린 것(未開口卽錯)!'이라 한다. 그렇다면 우리는 입을 봉하고 영원한 침묵 속에 살아야 할까? 우리가 사용하는 언어는 긴 세월 속에 형성된 관용(慣用), 일종의 약속이다. 그러나 내가 쓰는 말이 내 의도를 그대로 전달한다는 보장도 없고, 이 세상이 이심전심이 작동하는 세계도 아니다. 불립문자(不立文字)를 그렇게 강조한 중국 선사들의 기록이 양적으로 부처님의 경전을 능가한다는 것은 말하지 않고는 뜻을 전할 수 없기 때문이다. 그래서 『중론』에서 말했다.

> 속제에 의지하지 않고는 진제를 가르칠 수 없다.
> 진제를 이해하지 못하면 열반을 이룰 수 없다.
> 若不依俗諦　　不得第一義
> 不得第一義　　則不得涅槃
> vyavahāramanāśritya paramārtho na deśyate,
> paramārthamanāgamya nirvāṇaṃ nādhigamyate.
>
> 〔MK.「관사제품」. 10〕

또 이 공의 가르침은 절대 또는 영원한 존재에 대한 견해와 허무주의가 둘 다 유지될 수 없음을 보여주기 위한 수단이다. 그 두 가지 견해는 불교가 피하려는 양극단인 상견(常見, sassataditthi)과 단견(斷見, ucchedaditthi)이다. 첫번째는 본질주의(essentialism) 또는 영원주의(eternalism)다. 이는 사물이 본질적으로 또는 실체적으로 존재하므로 갈망과 집착의 효과적인 대상이라는 믿음이다. 우리는 대개 사물을 실체적인 것으로 인식한다. 불교가 말하는 우리네 번뇌의 바탕, 무명은 바로 그러한 경향성을 말한다. 두번째 극단은 허무주의 또는 소멸주의(annihilationism)다. 이는 사람이 죽으면 모두 부서져 사라지고 마는 것이어서 자신의 행위에 대해 책임을 질 필요가 없다거나, 사후에는 전혀 아무것도 존재하지 않는다는 견해다. 불교의 중도설은 사성제, 팔정도의 동의어로, 극단적 고행과 감각적 쾌락이라는 두 극단을 지양하는 수행론상의 중도(中道)와 상견과 단견이라는 두 극단을 지양하는 존재론상의 중도를 포괄한다. 『중론』「관사제품」은 다음 게송으로 마무리된다.

연기를 보는 자
고와 고의 발생, 고의 소멸,
적멸에 이르는 길을 본다.
是故經中說　　若見因緣法

則爲能見佛　　見苦集滅道

yaḥ pratītyasamutpādaṃ paśyatīdaṃ sa paśyati,

duḥkhaṃ samudayaṃ caiva nirodhaṃ mārgameva ca.

〔MK.「관사제품」. 40〕

네번째 마당

얻은 것이 없으므로 보살은 반야바라밀에 의지하여 마음에 장애가 없고, 마음에 걸림이 없으므로 두려움 없이 전도몽상을 여의고 궁극의 열반에 듭니다. 삼세 제불도 반야바라밀에 의지하여 무상정등정각(無上正等正覺)을 성취합니다.

以無所得故, 菩提薩埵依般若波羅蜜多故 心無罣礙; 無罣礙故無有恐怖 遠離顚倒夢想 究竟涅槃. 三世諸佛依般若波羅蜜多故得阿耨多羅三藐三菩提.

Tasmāc Chāriputra aprāptitvād bodhisattvasya prajñā-pāramitām āśrity viharaty acittāvaraṇaḥ. cittāvaraṇa-nāstitvād atrasto viparyāsa-atikrānto niṣṭhā-nirvāṇa-prāptaḥ. Tryadhva-vyavasthitāḥ sarva-buddhāḥ prajñāpāramitām-āśritya-anuttarāṃ samyaksambodhim abhisambuddhāḥ.

초기 경전에 자주 등장하는 '장애(蓋, nīvaraṇa, āvaraṇa)'라는 용어는 대승 경전에서도 업장(業障, karma-āvaraṇa), 소지장(所知障, ñeya-āvaraṇa), 번뇌장(煩惱障, kleśa-āvaraṇa) 등 여러 가지로 쓰인다. 'āvaraṇa'는 본디 '가리다' '덮다'를 뜻하는 'vṛ'의 파생어다. 사실을 제대로 드러내는 일은 우선 덮개 혹은 장애물을 제거하는 것이다. 그러나 많은 경우 그렇게 알아낸 사실이 더 중요한 사실 혹은 더 큰 진실을 가리기도 한다. '식자우환(識字憂患)'이라는 말이 있듯이 아는 것이 병이 되는 수도 있고, 선입견이 일을 망치기도 한다. 소지장이 그런 경우다. 열반(涅槃, nirvāṇa)이란 이들 모든 가리개를 다 걷어낸 지경(地境)을 이르는 말이다.

『금강경』에 이르기를 "세존이시여, 제가 만약 아라한도를 얻었다는 생각을 가졌더라면 세존께서 '수보리는 아란나(阿蘭那)행에 머무는 자(araṇa-vihāri)'라고 말씀하시지 않았을 것이나, 실은 수보리가 그 어디에도 집착한 바 없어서 '수보리는 무쟁(無諍, araṇa, 다툼 없는) 행에 머무는 자'라 하신 것입니다"라 했다. 이렇게 참으로 얻은 것은 얻은 바 없음이요, 어떤 이름에도 집착하지 않는 것이다. 이렇게 사물의 공성(空性)을 이해하고, 모두 연기생(緣起生) 연기멸(緣起滅)하며, 무자성(無自性)이라 관하는 것이 곧 집착 없이 반야바라밀을 실천하는 것이다.

그렇게 살아가는 보살 행자에게 삼독심의 폐해나 생사의 두려움도 장애물이 될 리 없고, 그는 꿈같은 몽환의 세계, 즉 무상(無常), 고(苦), 무아(無我), 부정(不淨)한 오온을 상(常, nicca), 락(樂, sukha), 아(我, attā), 정(淨, subha)이라고 뒤집어 생각하는 전도몽상(顚倒夢想, viparyāsa)도 떨쳐버리고, 마침내 궁극의 열반을 성취한다. 또한 삼세의 모든 부처님들이 반야바라밀을 의지하는 까닭에 무상정등정각(無上正等正覺)을 성취하셨다고 한다. 이러한 연유로 반야바라밀을 제불의 어머니(佛母)라고 한 것이다.

다섯번째 마당

이런 까닭에 반야바라밀은 위대한 만뜨라(呪)며, 지혜의 만뜨라며, 최상의 만뜨라며, 견줄 바 없는 만뜨라며, 능히 모든 고를 제거할 진실하고 헛되지 않은 만뜨라라고 알아야 합니다. 반야바라밀의 주를 설하노니 그것은 이러합니다.

가떼 가떼 빠라가떼 빠라상가떼 보디 스와하!

故知般若波羅蜜多 是大神呪, 是大明呪, 是無上呪, 是無等等呪, 能除一切苦真實不虛, 故說般若波羅蜜多呪.

即說咒曰 揭帝 揭帝 般羅揭帝 般羅僧揭帝 菩提 僧莎訶

Tasmāj jñātavyam: prajñāpāramitā mahā-mantro mahā-vidyā-mantro 'nuttara-mantro 'samasama-mantraḥ, sarva-duḥkha-praśamanaḥ, satyam amithyatvāt.

prajñāpāramitāyām ukto mantraḥ

tadyathā: gate gate pāragate pārasaṃgate bodhi svāhā.

Iti prajñāpāramitā-hridayaṃ samāptam.

'만뜨라(mantra)'는 '다라니(dhāraṇī)' '주(呪)' '진언(眞言)'이라고도 하는데, 신묘한 효력을 일으킬 수 있다고 여기는 음절, 단어들로 이루어진 구절이다. 이런 만뜨라는 불교 이전의 바라문교는 물론 남방의 소승 불교권에서도 널리 행해지고 있다. 예부터 『숫따니빠나』에 수록된 『자비경Metta-sutta』과 『보배경Ratana-sutta』이 그렇게 쓰였으며, 많은 태국 불교도들이 애용하는 '붓도(Buddho)'

역시 일종의 만뜨라라 할 수 있다. 『반야심경』은 사실상 그 탄생에서부터 만뜨라의 성격이 다분했다. 인도로 가는 멀고 험한 여정에서 현장의 호신 주(呪) 역할을 한 것이다. 어려움에 처한 사람으로서 경전의 위신력을 기대하는 것은 당연한 바람일 수 있다. 그러나 지혜의 완성(prajñā-pāramitā), 온전한 깨달음을 설하고 있는 『반야심경』의 본지를 잊어서는 안 된다. 그래야 위대한 지혜의 만뜨라, 무엇과도 견줄 수 없는 최상의 만뜨라, 모든 고액(苦厄)을 가라앉히고 열반을 이루게 하는, 따라서 헛되지 않으며 진실한 만뜨라라 할 수 있는 것이다.

일반적으로 만뜨라는 해석할 수 없다고 한다. 이것은 아주 다양한 상징, 암시를 담고 있는 어구를 너무 좁은 의미로 줄이고 제한하는 위험성을 지적한 것이다. 이런 주장에도 일리가 있다. 그러나 대개의 만뜨라는 특별한 뜻을 가진 단어들이 문법 규칙 속에 엮여 이루어진 것이어서 당연히 의미를 가진 문장이며, 자칫 전혀 엉뚱한 방향으로 번지거나 불어터질 위험도 있다. 그럴 가능성을 차단하기 위해서는 각 단어가 품고 있는 근본 의미를 파악하여 넘지 말아야 할 선을 그어놓을 필요가 있다. 당연히 만뜨라는 입술에 엉겨 감기는 맛이 있고 간절한 바람과 자기 암시의 요소를 담아야 한다. 어릴 적 내가 모시고 살았던 큰스님께서는 이렇게 풀어 외우셨다.

가자스라 가자스라 저 언덕에 가자스라
저 언덕에 건너가 구경 성불 하자스라!

아직까지 이보다 멋진 만뜨라는 본 적이 없다.

우리가 보통 '아제 아제'라고 읽는 '揭帝 揭帝'는 'gate gate'의 한문 음사다. 먼저 우리말 '가다'를 뜻하는 동사 'ga'의 과거분사형 'gata'에서 목적지에 '도달한 사람'을 뜻하는 'gati'가 만들어진다. 우리말로 '영수야, 철수야!' 하고 부를 때 '야'는 호격(呼格, vocative) 어미(語尾)인데, 같은 식으로 산스크리트에서 '가신 분(gati)'을 '가신 분!' 혹은 '가신 분이시여!'라고 부를 때는 'gate'가 된다. 그러면, '아제 아제'는 '오, 피안에 이르신 분, 관세음보살이시여!'가 된다.

우리가 보통 말하는 '바라아제'에 해당하는 'pāragate'는 '저쪽 언덕, 피안에 이르신 분'을 뜻하고, '바라승아제'에 해당하는 'pārasaṃgate'는 'pāragate'에 'saṃ'을 붙여 강세를 더한 말이다. 모두 온전한 깨달음을 성취한 관세음보살을 간절히 부르는 것이라고 풀이할 수 있다. 해석의 또다른 가능성으로는 각 단어 끝음절 'e'를 위치, 장소를 가리키는 처소격(處所格, locative) 어미로 해석하는 것인데, 이 경우에는 '~함에' '~하는 한' '~했으니'처럼 조건의 의미로 풀이할 수 있다.

보통 '모지 사바하'라고 읽는 끝부분 '菩提 僧莎訶'는 'bodhi

svāhā'의 음사다. 부처(buddha), 보살(bodhisatta), 깨달음(bodhi) 등의 흔한 단어들은 모두 동사 어근 'budh'에서 파생한 것이다. 이 단어의 첫번째 뜻은 '깨어나다'다. 이것은 스스로 깨어나거나, 남을 깨우거나, 깨어 있거나 등을 의미한다. 다음으로는 '알아차리다'를 뜻한다. 사물의 존재를 알고, 친숙해지거나, 주의를 기울이는 것 등의 의미다. 또한 '알다'의 의미도 있다. 현상을 이해하고, 그것이 어떻게 돌아가는지 속내를 뚫어보는 것으로, 둑카의 발생과 소멸, 해탈로 이끄는 길을 이해한다는 것이 그런 의미다. 또다른 뜻으로는 '일깨워 깨닫게 하다'가 있다. 이것이 곧 위대한 스승 고따마 붓다께서 이루신 내용이자 그후 그분이 행하신 일이며, 대승 보살이 발원한 일이다. 마지막 단어 'svāhā'는 힌두 신화에서 불의 신 아그니(Agni)의 배우자로, 인드라(Indra) 신이나 아그니에게 바쳐져서 연소되고 있는 공물을 의인화한 여성명사다. 이 단어는 만뜨라 끝에 쓰이는 감탄사로 환영, 찬탄 등의 의미를 담아 외우는 단어다.

『반야심경』의 마지막을 장식하는 만뜨라는 이렇게 다양한 암시와 상징을 내포하고 있다. 그 의미를 너무 좁게 재단해버릴지도 모른다는 위험을 무릅쓰고, 이 만뜨라에 대한 해석을 제시해 보면 다음과 같다.

오, 윤회의 강을 건너 저 언덕에 이르신 관세음보살이시여! 온전한 깨달음을 성취한 분이시여! 우리도 그처럼 깨달음에 이르게 하소서!

【부록: 장본(長本)『반야심경』】

*Prajñā-pāramitā-hṛdaya-sūtra**

namaḥ sarvajñāya

evaṃ mayā śrutam. ekasmin samaye bhagavān rājagṛhe viharati sma gṛdhrakūṭe parvate mahatā bhikṣusaṃghena sārdhaṃ mahatā ca bodhisattvasaṃghena. tena khalu samayena bhagavān gambhīrāvasaṃbodhaṃ nāma samādhiṃ samāpannaḥ. tena ca samayena āryāvalokiteśvaro bodhisattvo mahāsattvo gambhīrāyāṃ prajñāpāramitāyāṃ caryāṃ caramāṇaḥ evaṃ vyavalokayati sma. pañca skandhāṃs tāṃśca svabhāvaśūnyaṃ vyavalokayati.

athāyuṣmān śāriputro buddhānubhāvena āryāvalokiteśvaraṃ

---

* 산스크리트 텍스트의 출처는 다음과 같다.
P. L. Vaidya (ed.), *Mahāyāna-sūtra-saṃgrahaḥ* (Part 1), Buddhist Sanskrit Texts No. 17, Darbhanga: The Mithila Institute, 1961, pp. 98-99.
이 산스크리트 텍스트에 대한 영어 번역은 다음에서 볼 수 있다.
F. Max Müller (ed.), *The Sacred Books of the East* (Vol. 49), Oxford: Oxford University Press, 1894, pp. 147-149.

bodhisattvam etadavocat: yaḥ kaścit kulaputro vā kuladuhitā vā gambhīrāyāṃ prajñāpāramitāyāṃ caryāṃ cartukāmaḥ, kathaṃ śikṣitavyaḥ? evamukte āryāvalokiteśvaro bodhisattvo mahāsattvaḥ āyuṣmantaṃ śāriputram etadavocat: yaḥ kaściccāriputra kulaputro vā kuladuhitā vā gambhīrāyāṃ prajñāpāramitāyāṃ caryāṃ cartukāmaḥ, tenaivaṃ vyavalokitavyam pañca skandhāṃs tāṃś ca svabhāvaśūnyān samanupaśyati sma.

rūpaṃ śūnyatā, śūnyataiva rūpam. rūpān na pṛthak śūnyatā, śūnyatāyā na pṛthag rūpam. yad rūpaṃ sā śūnyatā, yā śūnyatā tad rūpam. evaṃ vedanā-saṃjñā-saṃskāra-vijñānāni ca śūnyatā. evaṃ śāriputra sarvadharmāḥ śūnyatālakṣaṇā anutpannā aniruddhā amalā vimalā anūnā asaṃpūrṇāḥ. tasmāt tarhi śāriputra śūnyatāyāṃ na rūpam, na vedanā, na saṃjñā, na saṃskārāḥ, na vijñānam. na cakṣur na śrotraṃ na ghrāṇaṃ na jihvā na kāyo na mano na rūpaṃ na śabdo na gandho na raso na spraṣṭavyaṃ na dharmaḥ. na cakṣurdhāturyāvan na manodhātur na dharmadhātur na manovijñānadhātuḥ. na vidyā na avidyā na kṣayo yāvan na jarāmaraṇaṃ na jarāmaraṇakṣayaḥ.

na duḥkha-samudaya-nirodha-mārgā na jñānaṃ na prāptirnāprāptiḥ.
tasmāc chāriputra aprāptitvena bodhisattvānāṃ, prajñāpāramitām āśritya viharati cittāvaraṇaḥ. cittāvaraṇanāstitvād atrasto viparyāsātikrānto niṣṭhanirvāṇaḥ. tryadhvavyavasthitāḥ sarva-buddhāḥ prajñāpāramitām āśritya anuttarāṃ samyaksaṃbodhim abhisaṃbuddhāḥ. tasmād jñātavyaḥ prajñāpāramitāmahāmantraḥ mahāvidyāmantraḥ anuttaramantraḥ asamasamamantraḥ sarvaduḥkhapraśamanamantraḥ satyam amithyatvāt prajñāpāramitāyām ukto mantraḥ. tadyathā: gate gate pāragate pārasaṃgate bodhi svāhā. evaṃ śāriputra gambhīrāyāṃ prajñāpāramitāyāṃ caryāyāṃ śikṣitavyaṃ bodhisattvena.

atha khalu bhagavān tasmāt samādher vyutthāya āryāvalokiteśvarasya bodhisattvasya sādhukāram adāt: sādhu sādhu kulaputra. evam etat kulaputra, evam etad gambhīrāyāṃ prajñāpāramitāyāṃ caryaṃ cartavyaṃ yathā tvayā nirdiṣṭam anumodyate thatāgatair arhadbhiḥ.

idam avocad bhagavān ānandamanā āyuṣmān śāriputraḥ āryāvalokiteśvaraś ca bodhisattvaḥ sā ca sarvāvatī pariṣat sadevamānuṣāsuragandharvaś ca loko bhagavato bhāṣitam abhyanandan.

iti prajñāpāramitāhṛdayasūtraṃ samāptam.

이렇게 들었사오니

한때, 부처님께서 왕사성 영취산에 많은 비구, 보살 대중과 함께 머물고 있었다. 그때, 부처님께서 심심조견(甚深照見, gambhīrāvasaṃbodhaṃ) 삼매에 들어 계셨다. 그때 관자재보살은 깊이 반야바라밀을 행할 때 오온의 자성이 공함을 꿰뚫어 보았다.

이때, 사리불 존자가 부처님의 위신력(威信力)을 받아 관자재보살에게 말했다. "선남자 선여인들이 반야바라밀을 행하고자 하면 어떻게 배워 닦아야(śikṣitavya) 하겠습니까?"

이에 관자재보살이 사리불 존자에게 말했다. "선남자 선여인들이 반야바라밀을 온전히 행하고자 하면 오온의 자성이 공함을 조견하여야 합니다.

여기, 색은 공성이며, 공성인 것이 색입니다. 색은 공성과 다르지 않으며, 공성은 색과 다르지 않습니다. 무릇 색은 공성이요, 공성인 것이 곧 색입니다. 이렇게 수(受)·상(想)·행(行)·식(識) 또한 공성입니다.

사리자여, 제법은 두루 공성이어서 생도 멸도 아니며, 더럽지도 깨끗하지도 않으며, 늘지도 줄지도 않습니다. 그러므로, 공 가운데 색도, 수·상·행·식도, 없고, 안·이·비·설·신·의(眼·耳·鼻·舌·身·意)도 없고, 색·성·향·미·촉·법(色·聲·香·味·觸·法)도 없습니다. 안계(眼界) 내지 의식계(意識界)도 없으며, 무명(無明)도 무명의 소진도 없고, 노사(老死)도 노사의 다함도 없습니다. 고(苦)·집(集)·멸(滅)·도(道)도 없으며, 통찰지라 할 것도, 득(得, prāpti)도 비득(非得, aprāpti)도 없습니다.

따라서 사리불이여, 득이 없으므로 보살은 반야바라밀에 의지하여 마음에 장애가 없고, 마음에 걸림이 없으므로 두려움 없이 전도몽상을 여의고 궁극의 열반을 성취합니다. 삼세의 모든 부처님도 반야바라밀에 의지하여 무상정등정각(無上正等正覺)을 성취하셨습니다.

이런 까닭에 반야바라밀은 위대한 만뜨라(mantra)며, 지혜의 만뜨라며, 최상의 만뜨라며, 견줄 바 없는 만뜨라며, 능히 모든 고를 제거할 진실하고 헛되지 않은 만뜨라라고 알아야 합니다. 여기 반야바라밀의 주를 설하노니 그것은 이러합니다.

가떼 가떼 빠라가떼 빠라상가떼 보디 스와하!

사리불이여, 보살의 깊은 반야바라밀 배움은 이와 같습니다."

이때 세존께서 삼매에서 출정하시어 관세음보살을 찬탄하여 말씀하셨다. "훌륭합니다, 선남자여! 그렇습니다. 그대가 말한 것처럼 깊이 반야바라밀을 행하면 모든 아라한 여래께서 기꺼이 칭찬하실 것입니다."

이에 사리불 존자와 관자재보살을 비롯한 대중과 천, 인, 아수라, 건달바들이 모두 세존의 말씀에 기쁜 마음으로 찬탄(abhyananda)하였다.

【 맺음말 】

불교는 처음부터 무상과 연기의 근본 원리에 반하는 어떤 것도 용납하지 않았던 것으로 보입니다. 불교의 무아설은 이 세상 모든 존재는 온당한 이유와 조건에서 발생한 것이며, 그 조건의 변화와 더불어 변화할 수밖에 없다는 연기와 무상의 당연한 논리적 귀결입니다. 세계는 조건에 의해 발생한 사물들로 이루어져 있습니다. 그들은 무상하고 끊임없이 움직이는 상태로 존재합니다. 그 속에 어떤 것도 영속하거나 안정되어 있지 않기 때문에 고정된 것이 아니며 부단히 변화하고 있습니다. 즉, 현상계는 쉬지 않고 변화하는 것들의 집합으로 시간, 공간 어느 차원으로도 한정할 수 없는 거대한 흐름입니다. 모든 것은 예외 없이 순간적인 사건의 집합일 뿐입니다. 따라서 그 속에 신, 영혼, 물질과 같은 실체적 존재는 부정될 뿐만 아니라 감각적 경험에서 일어나는 대상의 순간적인 안정도 우리의 상상으로 구성된 것으로 여길 수밖에 없습니다.

이 무아설은 내용상 두 가지를 함께 부정합니다. 첫째, '영원불변'이라는 아이디어를 부정합니다. 둘째, 어떤 초월적 힘으로 인간의 명운이 이미 정해져 있다는 운명 결정론을 부정합니다. 이 세상에 그 어떤 것도 변하지 않는 것은 없습니다. 그렇게 부단히 변하는 것들 가운데서 어떻게 그것만은 변함없이 오직 그렇게 멈춰 고정될 수 있겠습니까? 만약 우리 개개인의 자아가 불변의 실체이며 완전무결하다거나, 어떤 식으로든 이미 결정된 것이라면 개인과 공동체의 변화를 위한 어떤 식의 노력도, 수행이라는 것도, 공동체 내의 도덕적 행위도 도무지 무의미한 것이 되고 말 것입니다. 또한 연기설에 따르면 세상에 어떤 것도 우연히, 저절로, 제멋대로 일어나는 일은 있을 수 없습니다.

이는 다시 자연스럽게 불교의 업설과 연결됩니다. 업(業, kamma, karma)은 행위를 뜻합니다. 선업(善業), 불선업(不善業)으로 나누어 설명하는데, 여기서 '선(善)'은 'kusala'의 번역으로 이 말은 본디 '능숙한' '훌륭한'을 뜻하는 형용사입니다. 이때 '능숙한' 행위란 자신과 남들의 해탈 열반을 이루는 데 긍정적이며 적극적으로 보탬이 되는 행위를 말합니다. 따라서 그에 반하는 행위는 불선업(不善業)이 되는 것입니다. 또다른 선과 불선의 구분은 행위 이전의 의도에 따릅니다. 어떤 행위의 의도에 탐(貪, lobha)·

진(瞋, dosa)·치(痴, moha), 즉 탐욕과 미움과 미혹이 개입되었는가 아닌가에 따라 선 아니면 불선이 됩니다.

이런 연유로 경전 여기저기에 "업(kamma)은 의도(cetanā)다"라는 말이 나오는 것입니다. 사실 이것이 바로 불교가 말하는 업의 정의(定義)입니다. 그런데 '그럴 의도가 없이 이루어진 행위에는 과보가 따르지 않는다'고 주장하기도 합니다. 그러나 이것은 애초의 가르침을 오해한 데서 비롯된 것으로 보입니다. 일견 모순으로 보이는 무아설과 행위자의 주체성이라는 말은 사실 불가분의 관계에 있습니다. 무아의 행위는 오히려 수행자의 주체적 결단과 책임을 적극 강조하는 것입니다. 수행자의 정념(正念)은 자신의 몸과 마음 상태에 대해 성성하게 깨어 있어서 이후의 신업(身業, bodily action)과 구업(口業, verbal action)이 어떤 경우에도 자기도 모르게 벌어지는 일이 생기지 않게 하려는 것입니다. 자신의 모든 행위를 자기의 의지로 결단하고 실천한, 즉 예외 없이 의도된 행위로 만들고, 그렇게 이루어진 모든 행위의 결과에 대해 온전히 책임지겠노라 거듭 다짐하는 것이 수행자의 삶입니다. 이 관점은 초기 경전으로부터 후기 대승 경전까지 일관되게 유지되었습니다.

긴 불교 역사의 고비마다 위대한 스승, 용수(龍樹, Nāgarjuna), 무착(無着, Asaṅga), 세친(世親, Vasubandhu), 달마(達磨, Bodhidharma), 혜능(慧能), 대혜(大慧) 스님 등의 선각자들이 출현하였습니다. 그

분들 가운데 누구도 새로운 교단을 만들어 교주로 군림한 분은 없습니다. 다만 그분들의 업적은 하나같이 고따마 붓다의 근본 가르침으로 돌아갈 것을 역설한 것입니다. 고따마 붓다의 근본 가르침 '연기'는 어떤 식의 절대도 없다는 것입니다. 앞에서 읽었던 『반야심경』을 포함한 방대한 반야부 경전 역시 고따마 붓다의 연기, 무아의 가르침을 애써 강조하고 있습니다. 익숙하지 않은 논리 전개에 빠져 헤매다보면 정작 중요한 실천 문제를 간과할 수도 있습니다. 다시 강조하건대, 『반야심경』의 '심(心)'은 멈춰선 '마음'이 아닌 '뛰는 가슴'이며, 부처님 가르침의 '핵심'인 무상(無常), 고(苦), 무아(無我), 연기(緣起)를 말하는 것입니다.

재연 스님의
반야심경
읽기

초판 인쇄 2025년 8월 11일
초판 발행 2025년 8월 27일

지은이 재연 스님

책임편집 임혜지 | **편집** 권순범 오동규
디자인 이현정 | **저작권** 박지영 형소진 주은수 오서영 조경은
마케팅 정민호 서지화 한민아 이민경 왕지경 정유진 정경주 김혜원 김예진 이서진
브랜딩 함유지 박민재 이송이 박다솔 조다현 김하연 이준희
제작 강신은 김동욱 이순호 | **인쇄** 한영문화사 | **제본** 경일제책

펴낸곳 (주)문학동네 | **펴낸이** 김소영
출판등록 1993년 10월 22일 제2003-000045호
주소 10881 경기도 파주시 회동길 210
전자우편 editor@munhak.com | **대표전화** 031) 955-8888 | **팩스** 031) 955-8855
문학동네카페 http://cafe.naver.com/mhdn
인스타그램 @munhakdongne | **트위터** @munhakdongne
북클럽문학동네 http://bookclubmunhak.com

ISBN 979-11-416-1109-5 03220

www.munhak.com